当代中国教育思想探索书系
Chinese Advances in Contemporary
Educational Thought Series

总　序

一

近年在国外旅行的时候，常常有外国友人非常礼貌地赞叹中国经济及教育指标成长的神速，令我们的自尊心得到很大的满足。但是也有一些特别熟悉中国大陆、和我们保持最紧密关系的友人，会在由衷赞叹之后十分善意地补充或者提醒说，"除了在思想方面之外"！

每当这个时候，我都会陷入沉思。因为思想的贫血其实是这个时代（全球性）的问题，只不过忙于发展经济的中国更突出而已。

我认为，思想的贫血对于我们这个时代来说最主要原因可能有以下三个方面。

第一，经济理性导致了思想的贫乏。经济理性等现代性问题的确是造成思想贫乏的罪魁祸首。比如，当每一个个体都醉心于发家致富、全社会都奉行"经济挂帅"原则的时候，人们除非万不得已才会抽时间去"仰望天空"。因此历史上曾经最"高贵"的人文学科如哲学、历史、高雅艺术等在当代世界的几乎任何一个国度都是囊中羞涩的现实，就是一个不难解释的尴尬。虽然哲学家很早就说过人们"宁愿当一个苦恼的人，而不愿当一个满足的猪"，但令人遗憾的是，在当代社会，显然人们更愿意当一个快餐店里安逸生活的猪而不愿去遭遇任何属人的思想的苦恼！

第二，思想解放导致了思想的消解。当代社会的思想自由与价值多元本来对于人类来说是革命性的解放。但是，"上帝死了"、"人死了"也必然导致思想的消解。而一旦所有的想法都合理的时候，思想的逻辑就已然会崩溃。正是因为如此，哲学家朗格（Friedrich Albert Lange）才说

"人类需要一个由他自己创造的理想世界作为现实世界的补充",英国前教育哲学学会主席特里·麦克劳克兰(Terry McLaughlan)才呼吁认真地开展"批判的批判"。而解放和重建的平衡最需要的仍然是"思想"!

第三,思想肢解导致了思想的难产。思想的肢解也是思想的稀释或者零碎化。在当代社会,只有专家没有思想家可能已经构成一个趋势,未来可能只有极少数的人才有希望突破困顿成为康德、杜威那样的思想大师。原因是当代学术领域已经分工得比工业生产还细致。在一个个局部可能都有思想的碎片产生,但是连接这些碎片成为思想整体的困难之大前所未有。于是常常出现的现象是:当一个专家在滔滔不绝、眉飞色舞地介绍他的精湛技艺时,旁观者不经意间一个涉猎范围较大、超越专家专门领域的前提性的发问常常就足以让他惊慌失措、顿失神采。

思想的贫血和由此产生的对于思想的渴求是一个问题的两个方面。在人文社会科学领域,我们最为渴望的是真正的"思想"的诞生,而中国内地的教育科学领域就更是如此。当大家都热衷于项目、经费、制造教育学术和出版泡沫的时候,在心灵深处我们常常情不自禁地发问:中国人的教育思想在哪里?为什么真正意义上的教育思想如此之少?

二

在中国内地的教育科学研究中一个认真但是荒谬的争论是对"教育学"是否已经消亡的讨论。我之所以说这一论证是"认真"的,是因为差不多二十多年中许多严肃的学者都加入过这场具有元教育学性质的争论。而说这一论证是"荒谬"的,是因为问题基本上是一个假命题:如果你问赫尔巴特时代的那种无所不包的"教育学"是否消亡,答案很简单——当然已经消亡,就像牛顿时代的物理学形态早已被取代一样;如果你讨论的是包括教育哲学、课程与教学理论、教育技术等不同形态的教育学科总称意义上的教育学是否存在,那也不需要争论,看一看全世界那么多教育学院里忙忙碌碌的学者和他们汗牛充栋的作品吧,作为"学科群"意义上的教育学当然无可争辩地、无比鲜活地存在着!在这一争论里,很重要的一个核心问题其实是"教育基本理论"(或"教育学原理")是否存在?而这是一个具有中国特色的教育学命题。

一些人认为"教育基本理论"含糊不清,严格说来应等同于教育哲学。但是我和许多学者一样坚定地认为：教育基本理论比教育哲学涵括的内容要广大很多。许多教育基本问题的讨论如"青少年的符号消费"、"游戏与学习的关系"，以及前些年集中讨论过的"教育现代化"、"教育现代性"命题等都不只是教育哲学的问题，这些问题的合理解释常常必须涉及社会学、文化学、心理学、伦理学、政治学等相关学科的综合分析。因而我认为，"教育基本理论"实质上是"教育思想"的一种主要形态。它需要回答的是教育领域里面的全局性、根本性的"大问题"，以便为其他教育学科的具体分析奠定基础和方向。

但是如同整个人文社会科学、整个社会的思想贫乏的局面一样，目前的中国是一个"教育基本理论"的"大国"，但并不是一个"教育思想"的"强国"。放眼中国大陆，号称作教育基本理论研究，以此名义申报重点学科，做硕士、博士生导师的单位和学者的规模肯定是全球第一，但是新中国成立以来真正本土的、原创性的教育思想寥若晨星。因此，如何改变这一教育科学不正常、不健康的局面，如何建立吸引、激励教育学者们甘于、敢于发扬"板凳要坐十年冷"的精神去"仰望（教育的）天空"的机制，是当代中国教育界的一个当务之急。也因为这一点，以促进中国教育科学发展为当然使命与特色的教育科学出版社决定推出"当代中国教育思想探索"书系（Chinese Advances in Contemporary Educational Thought Series），我认为正当其时。

受哥伦比亚大学教育学院出版社出版的享誉全球的"Advances in Contemporary Educational Thought Series"（当代教育思想进展系列）的启发，本丛书希望本着宁缺毋滥的原则每年收录若干本少而精、有真正意义上的中国当代"教育思想"含量的作品，集腋成裘，逐步成为增进中国教育基础理论研究的重要学术平台之一。作为主编，除了衷心感谢出版社领导、同仁的充分理解和大力支持之外，就是在此诚挚吁请全国教育学界的方家能共襄盛举，积极举荐合适作品不断加入这个时代中国教育学术最重要的交响！

思想的诞生无法速成，唯能做有准备的期待。是为序。

檀传宝

2009 年 7 月 10 日、9 月 10 日于日本鸣门

目录
contents

绪　论 / 1

第一章　身份认同：青少年符号消费的所指空间

一、符号消费与青少年个体认同 / 34
　　（一）符号消费与青少年的自我认同 / 35
　　（二）符号消费与青少年的角色认同 / 48
二、符号消费与青少年社会认同 / 59
　　（一）符号消费与青少年同辈群体认同 / 61
　　（二）符号消费与青少年阶层认同 / 67
　　（三）符号消费与青少年民族（国家）认同 / 77

第二章　信息、时尚、空间：青少年符号消费的能指世界

一、符号消费的信息载体与青少年身份认同 / 84
　　（一）符号消费信息的商业化与青少年身份认同 / 85
　　（二）符号消费信息的开放性与青少年身份认同 / 89
　　（三）符号消费信息的影像化与青少年身份认同 / 93
　　（四）符号消费信息的"内爆"与青少年身份认同 / 96
二、符号消费的时尚性与青少年身份认同 / 100
　　（一）符号消费时尚的流动性与青少年身份认同 / 102
　　（二）符号消费时尚的先锋性与青少年身份认同 / 107
三、符号消费的空间特征与青少年身份认同 / 112
　　（一）消费空间的符号化与青少年身份认同 / 113

（二）符号消费的空间化实践与青少年身份认同 / 116

（三）符号消费空间的脱域化与青少年身份认同 / 121

第三章 流行文化或亚文化：青少年符号消费的意指内涵

一、流行文化范畴下的青少年符号消费 / 126

（一）形式高于内容：青少年符号消费中能指的狂欢与身份认同内涵的贫瘠 / 127

（二）流行文化的肯定性：青少年符号消费及其身份认同的犬儒性 / 133

二、亚文化指向下的青少年符号消费 / 136

（一）亚文化"习性"和"感觉结构"：青少年符号消费对主流身份的疏离 / 138

（二）亚文化资本化：青少年符号消费及其身份认同的商业收编 / 144

第四章 身份认同与符号消费：青少年文化母题的当代表征及功能

一、身份认同：青少年文化中的母题及其当代特征 / 150

（一）青少年文化母题的基本内容 / 151

（二）青少年文化母题形态的嬗变及当代特征 / 154

（三）符号消费为何成为青少年文化母题的当代表征 / 158

二、符号消费：青少年文化的美学功能及教育意义 / 160

（一）符号消费的美学功能 / 161

（二）符号消费美学功能的教育意义 / 163

结　语 / 168

附　录　访谈提纲 / 176

参考文献 / 178

致　谢 / 184

绪　论

一、问题的提出及意义

当前，成人社会越来越难以理解当代青少年的文化生活。而学校教育则习惯于用传统的价值观和教育方式对待青少年。这在很大程度上使得我们的学校教育，特别是德育，基本上是成人的一种独角戏，既难以引起青少年的兴趣和共鸣，也缺乏青少年的主动参与。实际上，教育的有效性在很大程度上取决于教育者对教育对象，以及教育所处的时代背景的了解程度。因此，深入当代青少年的文化生活世界，进而了解和把握他们在各种各样的文化生活中所体现和流露出来的真实的价值原则、审美特点以及人生追求，是我们提高学校教育实效性的重要举措。在当代青少年的文化生活中，消费方式是一个十分重要组成部分。甚至可以说，当代青少年中的各种文化现象都与其消费方式有着十分密切的关系。因此，我们对当代青少年的了解，可以从其消费环境以及消费方式的嬗变开始。

（一）青少年消费环境及消费方式的嬗变

改革开放三十多年来，我国经济建设取得了举世瞩目的成就，人们逐渐摆脱了商品匮乏的年代。一个巨大买方市场的形成所提供的琳琅满目的商品，极大地刺激了人们潜藏的消费欲望。那些在改革开放中先富起来的一部分人，更是以空前的热情投入到对商品档次和品位的消费之中，引领着整个社会的消费潮流。加之国家出于经济发展需要所实行的拉动内需政策的驱动，人们的消费欲望被前所未有地放大了。一个在西方发达国家业已存在的消费社会，正在中国特别是东部沿海发达城市迅速形成，深刻影响着人们传统的价值观念和生活方式。① 随着大众传媒对这种生活方式的大肆宣传，消费主义的价值观念逐渐在社会中取得了其意识形态的合法地位。它使人们总是处在一种"欲购情结"（buying mood）之中，从而无止境地追求高档和名牌，这本身又构成了现代消费社会中社会关系再生产的条件。工作渐渐地不再是人们生活、认同感及自我观念的核心，消费扮演了越来越重要的角色。

在消费社会里，商品不仅具有传统的物质形态意义上的使用价值，而且具有文化意义上的符号价值。长期以来，人们对商品的属性，大多从其使用价值和交换价值这两个维度来进行分析。商品的使用价值主要是通过商品本身的自然属性来体现。而商品的交换价值则更多的是从经济的角度，来说明市场供求影响下商品所包含的无差别的人类劳动之间的可置换性。基于对商品价值属性的这种认识，人们提高商品价值主要依靠的是技术和市场这两种方式。前者主要创造商品的使用价值，即自然属性使之能够以最节约、最有效率的方式生产出来。后者则侧重于解决生产出来的商品如何能够以最快的速度销售出去，从而实现利润的最大化。实际上，商品除了具有使用价值和交换价值之外，还存在另一重要的价值维度——符号价值。符号价值本身所内含的品位、格调、时尚、地位等社会意义，预示着商品与个体身份之间存在着一种内在的文化关联。"通过各种物品，每个个体和群体都在寻找着他或她自己在一种秩序中的位置，始终在尝试着根据一个人的生活轨迹竞争这种秩序。通过各种物品，一种分层化的社会开口说话——为了将每个人都保持在一个确定的位置里。"（瑞泽尔，2003）[110] 不仅仅消费品本身浓缩了一个人身份的秘密，而且，一个人的消费方式也是其身份展示的重要手段。王宁教授认为，消费习惯表面上看是一个人成长轨迹的积淀和体现，实际上，这种

---

① 有关研究表明，中国城乡社会追求西方发达国家代表性的高消费生活方式正逐渐发展成为普遍的现象。在这个过程中，对符号象征价值的消费正成为人们的主要消费选择，甚至超过了对商品使用价值的考虑，表现出了很强的符号消费的特征。参见：陈昕. 救赎与消费：当代中国日常生活中的消费主义[M]. 南京：江苏人民出版社，2003.

习惯根植于他所属的阶层、民族的消费传统之中,并为这种传统所制约。正是在此意义上,我们可以说消费习惯是个人社会化的一种结果。从安东尼·吉登斯(Anthony Giddens)的结构化理论来看,消费习惯既是一种"被结构了的结构"(作为一种心理结构的消费习惯实际上受到社会结构性条件的决定),又是一种"结构着的结构"(消费习惯作为心理结构支配着人们诸多的消费选择,从而对原有的社会结构进行了某种程度的改变)。姚建平在《消费认同》一书中认为,消费与认同之间是一种互为因果的关系。消费既是一个人认同的素材,也是一个人认同的载体。身份可以通过消费对象和消费方式表现出来,成为身份建构、管理和维持的重要手段。同时,身份也对人们的消费具有制约作用。我消费什么与我对我是怎样一个人的判断紧密结合在一起。每个人总是选择与其身份相符合的消费对象和消费方式。在这种过程中,消费与身份认同之间形成了两种互逆的效果:一是群体归属感。它通过消费方式将自己融入某个阶级、阶层或群体从而定位身份,强调的是群体间的差异。二是自我感。它通过消费来强调自己不属于任何群体或阶层从而定位身份,在本质上是一种群体疏离感,所表达的是个体间的差异。一个人通过消费与群体既相互融合又相互疏离的不断互动,为自己在社会结构中的位置寻找着最佳的平衡点——身份。

当代社会消费呈现出明显的符号化特征。人们对于物品的考量,不再仅仅局限于物的自然属性及其对人的有用性。商品本身所包含的各种意象和符号,正成为主导相当一部分人消费行为的内在驱动。这种符号化的消费正成为一种符号力量(symbolic power)而介入人们的日常生活,影响着社会大众的消费行为。符号消费不仅仅表现在各种高消费行为中,也渗透于人们日常生活的方方面面。其突出表现就是日常生活由于符号消费的高度介入而日益呈现出审美化的特征,各种主题公园、美容健身中心、家居指南等无不彰显着现代人符号消费的情结。

当下消费社会中一个引人注目的现象是,生活于改革开放年代的青少年,正成为一支新兴的消费大军,蕴涵着巨大的消费潜力。麦肯锡公司2006年7月发布的一项最新调查显示(丁峰,陈刚,2006),中国城市青少年每年的零花钱高达600亿元,而家庭每年在青少年子女身上的花费近2 300亿元,消费总额达2 900亿元(360亿美元)。该项调查将青少年分为"时尚型"、"好孩子"、"休闲型"和"穷孩子"四大类,并根据每个类型的特点量化消费能力。随着青少年消费能力的提高,消费之于他们的意义也逐渐发生了变化:消费的目的不仅是为了满足需要,还要能够充分地表现自我、张扬个性,要能跟得上时代发展的潮流。除了使用价值以外,商品的另外一种价值属性——符号价值正受到当代青少年的重视,并开始被他们有意无意地纳入自己的消费决策中。2000年,国家统计局所属的新生代市场监测机构的调查显示(魏颂,2004):青少年群体中普遍存在着追求时尚、追求名牌的行为。耐克、阿迪达斯、彪马等世界知名运动鞋和苹果、LEE等世界知名休闲/牛仔衣,都是青少年所向往的。调查中有30.1%的中学生表示,他们拥有耐克运动鞋,有18.2%的中学生拥有苹果牌的休闲/牛仔衣。国产商品中,李宁牌运动鞋的拥有比例高达23.6%。另据报道(郑学文,2005),目前青少年在消费方面呈现出以下特点:饮食消费跟着广告走,服装消费跟着名牌走,娱乐消费跟着新潮走,重复消费不再老土等。这些数据和现象在很大程度上反映了青少年群体符号消费的特征。

在消费问题上,成人似乎越来越难以理解青少年为什么会对各种时尚、品牌趋之若鹜,也难以理解为什么那些看来属于奇装异服、离经叛道的服饰和发型却为青少年群体所津津乐道,争相效仿。家长们也常常抱怨孩子总是买回一大堆对于他们而言无用的东西。学校在这一问题上则采取较为强硬的做法,对学生的服饰、发型等作出了严格的规定和限制。于是乎,消费方式似乎成了当下成人社会与青少年群体之间代沟的一种重要表征。对于这些问题,单纯用经济因素去解释恐怕难以触及问题的核心。而简单套用已有的、传统的青少年形象标准对之加以鞭挞,则显得过于武断、专制。那么,对于这一问题成人以及学校教育应该采取何种态度?这些问题迫切需要理论的解释。

(二)已有研究对青少年消费问题解释的不足

处于青少年时期的个体,迫切需要在社会结构中谋求自己的身份,进而回答"我是谁"、"我属于哪里"、"我走向何方"等具有本体论色彩的认同问题。青少年成长中的这一特性,在符号消费的生活景观中表现得更为明显。在很大程度上,各种符号化的商品与消费行为,构成了他们标榜自我,寻求意义的重要素材。从青少年文化发展的基本历程来看,丰富多彩的青少年文化大多与青少年群体中各种符号化的消费行为和生活方式紧密联系在一起。对此,可以通过伯明翰当代文化研究中心关于青少年亚文化的研究作进一步的说明。①

成立于20世纪60年代的英国伯明翰当代文化研究中心(Brimingham Center for Contemporary Cultural Studies,简称CCCS)在其成立之初曾对亚文化,尤其是工人阶级的青少年亚文化现象进行过大规模的研究。② 而这些青少年亚文化大多通过各种各样的符号消费表现出来,比如特迪男孩(Teddy boys)、摩得族(Mods)、光头党(Skinheads)、嬉皮士(hippies)等。作为伯明翰亚文化研究的重要奠基者,菲尔·科恩(Phil Cohen)通过对伦敦东区青少年亚文化的考察,分析了特迪男孩、摩得族以及光头党等青少年招摇过市的奇装异服及其形象特征,强调了工人阶级的青少年亚文化作为一种象征的结构与工人阶级母体文化之间的内在联系。1976年出版的《仪式抵抗:战后英国的青年亚文化》一书主要收集了CCCS 1972—1976年的主要研究成果。这本书对于作为亚文化的青少年符号消费的探讨,突破了科恩提出的青少年亚文化与工人阶级母体文化存在潜在的一致性和连续性的观点,认为作为亚文化的青少年符号消费不仅仅指向对母体文化的认同,而且也指向与占主导地位的中产阶级文化的对立。因此,关于青少年亚文化问题的探讨转而围绕青少年亚文化、工人阶级母体文化以及中产阶级主导文化这三者之间的关系展开分析。

---

① 以下文献梳理主要参考了黄晓武的研究,参见:黄晓武. 文化与抵抗:伯明翰学派的青年亚文化研究[J]. 外国文学,2003(2).

② 凯恩·吉尔德和萨拉·松登在《亚文化读本》中指出,学科化的亚文化研究的历史是从芝加哥学派开始的,并且大致经历了三个阶段:芝加哥学派的亚文化研究、英国伯明翰的青年亚文化研究以及近二十年来的亚文化研究。参见:Gelder K,Thornton S. The subculture readers. London and NewYork:Routledge,1997.

伯明翰学派是聚集在伯明翰当代文化研究中心周围从事文化研究工作的学者,他们的亚文化研究受到20世纪四五十年代美国芝加哥社会学派的很大影响。芝加哥学派把亚文化跟犯罪紧密联系起来,用民族志的方法对大都市(特别是芝加哥)中的各种亚文化进行了实地调查,撰写了大量的调查报告,他们使亚文化从一种对"地下"和边缘文化的猎奇对象转变为社会学研究的对象,他们的直接目的是给当时的社会治理提供有效的参考。"亚文化"作为一个概念是由芝加哥学派在20世纪40年代提出的,亚文化作为研究课题的逐步学科化也是从这个时候开始起步的。参见:黄晓武. 文化与抵抗:伯明翰学派的青年亚文化研究[J]. 外国文学,2003(2).

这就构成了《仪式抵抗》一书"结构"、"文化"、"自传"的分析框架。结构主要是指青少年亚文化与中产阶级文化之间的结构性对立关系，文化是指青少年亚文化与工人阶级母体文化之间的传承关系，自传则是指亚文化源于青少年独特的人生经验。在该书中，人类学中的"异质同构"与"拼贴"的概念，成了分析青少年亚文化生活风格及其消费方式的重要理论工具。"异质同构"的概念主要说明了个体作为某一特定亚文化团体中的一员，要能够从他所使用的物品中认识自己。这就要求物品必须具有一种意义的可能性，从而反映亚文化特定的价值观和关注对象，同时，它也要求每个亚文化团体的青少年都有足够的认识水平，能够对自己所处的亚文化团体所坚持和追求的核心精神有足够的认识，从而确保个人能够通过适当的物品表达自己。因此，某一亚文化风格的形成，实际上是该文化团体成员的自我意识与物品的可能性意义之间的"异质同构"。

约翰·克拉克（John Clarke）则主要从"拼贴"这一概念来分析青少年亚文化风格的产生。克拉克认为，原始社会由于受到以神话和禁忌为中心的意识形态的控制，因此，在原始社会，拼贴所产生的新的意义只不过是神话和禁忌话语的某种形态。这种新的意义并不能够抵抗意识形态的约束。但是，"二战"后英国工人阶级青少年所形成的亚文化，主要是建立在一种阶级的基础之上，作为一种非正统的文化形式与主导的中产阶级意识形态相对立。这种对立主要是工人阶级青少年借助已有的物品体系和意义系统，通过对这些物品的挪用和对意义的篡改来实现。青少年亚文化所形成的风格，不是青少年凭空捏造或想象出来的。如特迪男孩文化就是通过挪用爱德华式①的服装而形成自己独特的亚文化风格。在这种物品的占用和挪用中，消费无疑扮演着十分重要的作用。商品总是根植于一定的社会等级结构之中，为某个特定的社会阶层服务，并隐藏着该阶级的意识形态。工人阶级的青少年通过对某些商品的占用

---

① 爱德华式的服装本是为贵族青年所设计，包括一件狭长的掐腰夹克衫，一条窄腿裤，一件时髦的马甲，圆领的白衬衣和打成温莎结的领带。爱德华式服装被一些青少年挪用和改造进而形成自己的独特风格：紧身直腿裤、厚底鞋、缎子领或斜纹布领的宽夹克、系成"鞋带"式样的领带，服装颜色也进行了大换样，变成了大红大绿的颜色。穿这类奇装异服的青少年往往被人们称为"特迪男孩"。

和挪用,在这些商品内部刻写了新的、对立的意义,由此实现了青少年亚文化的抵抗意义。由此可见,拼贴虽然在实际行动层面表现为一种对商品的占用和挪用,但它更多地暗含着一种语意的生成和转换。这就预示着,对青少年亚文化的分析,已经走向了一种象征与符号的路向。

迪克·赫伯狄格(Dick Hebdige)从符号学的角度对青少年亚文化的意义作了更为具体、细腻的分析。在《亚文化:风格的意义》(Subculture: The Meaning of Style)一书中,赫伯狄格认为,亚文化的原材料主要有两种类型:一是亚文化所使用的物品。这种物品通过"把亚文化符号(服饰、音乐等)转化成大众生产对象"的商品形式来实现整合。二是亚文化团体的社会形象,这是由统治集团(警察、媒介、法院系统等)对异常行为进行命名并加以重新界定,从而使亚文化团体变成一种"标签化"的存在,如"垮掉的一代"等。就符号学角度而言,人们所使用的物品都可以看作符号,亚文化团体所占用和挪用的物品"经过了下列各种渠道才到达亚文化青年手中:学校、家庭、工作、媒体……每一个渠道都在它身上强加了自己独特的结构、规则、意义和价值体系"。(Hebdige, 1979)[81-86]亚文化对这些物品的挪用是建立在这些物品原有的意义系统之中的,因而它们之间存在着某种共有的基础性的东西。

赫伯狄格借用了阿尔都塞的概念,认为亚文化是一个"相对自主的领域"。在这个领域中,青少年试图在工人阶级母体文化和统治阶级的意识形态之间,通过协商形成一个意义的过渡型空间。通过这个空间的形塑,青少年的另一种身份得以在这个意义的过渡型空间里形成和表达。这在一定程度上表现了青少年亚文化所共有的追求某种程度的独立自由的特征。在这里,赫伯狄格借用了罗兰·巴尔特在《形象的修辞学》中提出的观点①,把亚文化视为一种"有意为之"的交流,它通过把注意力引向自身和不透明地传达信息,展示着自己的符号性,"传递一种重要的差异,是所有景观性亚文化风格的关键"(Hebdige, 1979)[102]。这种差异,这种"有意为之"的交流是通过"拼贴"来实现的。不同的物品被不合

---

① 罗兰·巴尔特在《形象的修辞学》中分析了广告和新闻图片的区别。他认为,人或者物体的形象在广告和新闻图片中的地位是不同的。在新闻图片中,人或物的形象的意义是透明的,它们有助于交流。但是,在广告中,这些形象的意义并非是自然的。它们更多的是展示自己的符号性,是一种"有意为之"的表达。

常规地放在了一起，亚文化打破了日常符号系统的规则，比如特迪男孩打破各阶级对服装、音乐的不同选择的传统，穿上了贵族式的服装，赫伯狄格认为"这就是一种挪用和改换，是一种拼贴行为（act of bricolage）"（Hebdige，1979）[102-104]。语言的神圣性往往是与社会制度的神圣性联系在一起的。这种挪用、改换和拼贴造成了表意系统的失调，是对权威符码和社会制度的极大挑战。"我们不应当低估景观性亚文化的意指能力，它既是指向潜在的不在场的无政府主义的隐喻，也是真实的语义失调的一种机制：一种再现系统的暂时失调。"（Hebdige，1979）[90]这在赫伯狄格看来是一种"符号的游击战"。

从上面介绍的伯明翰当代文化研究中心关于青少年亚文化的研究历程来看，符号消费在青少年那里，主要表达的是一种抵抗的姿态。这种抵抗大致有两个方面的向度：第一，作为亚文化对主流或主导文化的抵抗；第二，作为亚文化与母体文化之间的对抗。不管是哪个向度上的抵抗，它都是建立在阶级这一基本的概念基础之上。这种阶级分析的视角，对于我们透过青少年符号消费的表象，洞见青少年亚文化与主流意识形态之间的复杂关系具有很好的指导意义，也有利于我们了解青少年符号消费的积极意义。另外，伯明翰当代文化研究中心在分析青少年亚文化的符号消费中所使用的"异质同构"、"拼贴"等概念工具，对于我们理解和分析当代青少年的符号消费行为也具有重要的方法论意义（关于这一点将在下文作进一步的说明）。但是，伯明翰当代文化研究中心对于阶级问题的强调，在很大程度上将阶级的标准变成了压倒一切的标准，这是值得反思的。毕竟，并不是在历史的任何时段，阶级在分析社会现象时，都具有绝对的优势地位。

长期以来青少年消费问题在我国学界，特别是教育学界并没有引起足够的重视，但是近几年来，由于消费主义价值观在我国特别是发达城市的蔓延，青少年的消费问题也日益得到了学界的重视，相应的研究成果也逐渐增多。对于这些已有研究，有学者作了较为全面地梳理和总结。代祺和方奕以1990—2007年2月这段时间为限，将"青少年消费"分别作为关键词、主题词和篇名，在中国学术期刊全文数据库（CNKI）进行检索、分析和整理，发现1990—2007年中国大陆有关青少年消费问题的研究情况具有以下特点（代祺，方奕，2007）：第一，从各年的研究情况来看,20世纪90年代以来,我国大陆有关青少年消费问题的研究逐年升温,其突出表现是,"十五"期间(2000—2004年)的研究论文数量是"八五"期间(1990—1994年)的7倍。第二,从青少年消费研究的学科视角看,消费者行为学、教育学和社会学是青少年消费问题研究的主要学科。但是,近年来,教育学视角的青少年消费问题研究的比重急剧下降,而消费行为学的研究则明显增多。第三,从研究方法来看,定性研究的比重不断下降,而定量研究的数量则逐年递增。第四,从研究的内容来看,主要集中在青少年消费的一般行为的描述上。这些研究成果多从面上对青少年的消费状况进行总体的描述和分析,为我们了解当前青少年的消费状况提供了很好的帮助。

相比国外学者的研究,我国大陆学界对青少年消费问题的研究仍有许多有待拓展的地方。第一,就研究的方法而言,已有的关于青少年消费问题的研究主要采取的是实证主义的量化路线,重点在于通过大量的数据描述来说明当代青少年消费问题的状况。这些研究有利于我们从面上把握当代青少年的消费特点,但这些表面的数据背后所隐含的深层次的问题却很少得到揭示。第二,就研究的立场来看,已有的研究对于青少年消费问题的评价或多或少地隐含着一种精英主义的价值取向,即站在主导文化或成人文化的角度,从上而下地审视青少年消费的文化特征和价值诉求,忽视了青少年在消费问题上的独立见解,从而导致评价或分析的偏颇。第三,就研究的内容来看,已有的研究过于关注青少年有形的物质商品消费,而对于休闲娱乐以及精神文化层面的消费则关注不够。实际上,精神文化层面的消费更能反映当代青少年的价值特征。第四,从研究的学科视角看,已有的青少年消费问题研究的学科视角较为单一,缺少多学科、跨学科的眼界,因而难以洞见青少年消费问题与当前社会生活,以及青少年自身成长的特点之间复杂的关系。第五,对青少年消费问题的已有研究,大多仅仅是就消费而谈消费,很少能够以一种主动的姿态,把青少年消费问题与更为广阔的社会宏观背景和文化结构结合起来进行分析,因而不同程度地存在着对青少年消费问题的解释和分析力度不够等问题。

（三）本研究的实践价值和理论意义

从上文关于我国大陆青少年消费问题的已有研究来看，大多数研究成果尚停留在现象的描述阶段，很少将这一问题与社会的宏观背景，特别是与符号消费这一新的生活景观结合起来进行分析，因而难以洞见这一现象背后复杂的社会、文化原因，也难以触及青少年符号消费的深层次的内在驱动及其背后的价值观念。另外，这些研究大多从社会主流价值观、人生观等层面剖析青少年消费的内在动机，但却较为忽视从青少年成长与发展的内在矛盾的角度，去分析青少年符号消费与其成长之间的内在关联，从而不同程度地存在着对青少年的误读现象。对问题理解的偏差必然影响到我们对当代青少年的态度和认知，这既不利于成人社会与青少年群体的对话和交流，也不利于学校教育，特别是德育的开展。因为对教育对象理解的偏颇必然带来教育实践的种种谬误，导致事倍功半，甚至事与愿违。在某种意义上，青少年成长中的突出事件就是身份认同意识的日益高涨。这种认同需要从深层次制约包括符号消费在内的各种青少年文化形态的具体表征。因此，从身份认同的层面来开展青少年符号消费（包括现象、原因、如何解释等问题）的研究，有利于我们透过青少年符号消费的现象，把握当代青少年深层次的价值观、审美原则、品位特征等内在的东西，从而有利于成人与青少年之间的相互沟通和理解，有利于学校教育，特别是德育在教育方式、内容等方面的主动调整，提高学校德育的实效性。

从理论层面来看，开展对青少年符号消费的研究也具有重要的理论价值。首先，对于青少年符号消费现象的描述和原因的揭示，可以进一步丰富青少年社会化的理论，为新时期的青少年工作提供理论指导。社会化是青少年发展的重要内容，不同时期、不同地域的青少年，有着不同的社会化方式、内容和途径。在当前符号消费的生活景观中，探讨青少年社会化的重要方面——身份认同这一主题，无疑有利于我们正确把握当代青少年社会化发展的新特点，丰富已有的青少年社会化以及青少年文化的理论成果。其次，对青少年符号消费的探讨，实际上是对青少年生活方式的关注①,表明了学校教育回归生活世界的价值旨趣。长期以来,我们对青少年学生的研究,主要局限于学生在校园内的学习与生活,往往忽视了他们在校外的日常生活状态。另外,我们对学生的关注,也主要侧重于对他们学习、认知、能力、道德等方面的研究,而较为忽视他们作为一个人,在日常生活中的饮食、衣着等生活方式及其背后的价值所指。实际上,相对于学校内的制度化生活,学生日常生活中的生活方式更能反映出他们真实的人生观和价值观。因此,学校教育不能仅仅关注学生的制度内的生活,还应以一种主动的姿态去了解学生的日常生活。这也是当下学校教育回归生活世界应有的题中之意。最后,本研究在方法论上对于文化研究的借鉴,对教育研究视阈的扩充以及方法论的完善也具有积极的参考价值。(关于这一点,将在本书的结语部分作进一步的说明。)

二、研究的假设及目的

青少年正处在自我同一性形成的关键时期,"我是谁?""我属于哪里?""我走向何方?"等,是青少年成长过程中具有本体论意义的根本问题。埃里克森(Erik H. Erikson)认为,青少年在青春期所面临的危机是同一性对同一性混乱的危机。个人到了青春期,生理上的成熟总是破坏着本我、自我和超我的平衡,同时因为社会的冲突和要求变得混乱,青少年必须通过积极的探索、亲身的体验来获得自我同一感,防止同一性混乱。然而,青少年在对这些问题的追问以及表达过程中,由于受其社会角色定位的影响,不可避免地会受到来自成人社会的种种规约与限

---

① 生活方式通常有广义和狭义之分。广义的生活方式包括劳动生活、政治生活、物质消费生活、精神文化生活等一切领域。而狭义的生活方式主要限定在日常生活领域,如物质消费闲暇生活、精神文化生活、家庭生活,或简单地说仅指"衣、食、住、行、乐"等领域。本研究是在狭义的意义上使用生活方式的概念。在这个层面上,可以认为生活方式就是消费方式。参见:高丙中,等. 现代化与民族生活方式的变迁 [M]. 天津:天津人民出版社,1997:35.

制。① 这种规约和限制在某种程度上更是激发起了青少年的反叛意识，从而使其进一步采取各种可能的方式表达自己，并为自己的社会存在寻求或创造一种文化和价值上的合法性。因此，这一时期的青少年身心特征大致可以归纳为（肖存，2001）：第一，伴随着生理的逐渐成熟，产生了"独立感"和"成人感"，渴望摆脱成人的控制，迫切要求独立自主，喜欢自我表现和发表自己的看法；第二，开始关注"自我"，关心自己与他人的内心世界，逐步从行动动机、道德品质和人格特征等方面来评价自己与他人的行为；第三，开始了解、接纳和逐渐掌握更多的行为规范、价值标准、社会角色，并对自己的未来角色进行定位和认同，喜欢独立探索和思考一些问题。在这种身心特点以及社会地位条件下，他们迫切需要通过某种途径来表达自我，认识自我，从而使自我在社会中获得一个支点，这将构成自我与他人、与社会互动的基础。

从当前的现实来看，青少年的生理、心理成熟与其所应承担的社会责任之间存在某种程度的脱节现象。一方面，当代青少年由于在营养、饮食等条件上较之父辈更为优越，他们作为青少年的生理年龄已经明显提前。另一方面，随着青少年在社会结构中地位的提高，以及正式进入社会之前的时间被拉长（上完大学已经二十多岁，中国近年来的大学扩招和"考研热"加强了这个趋势），青少年期呈现出向后延伸的趋势。这实际上表明，青少年作为一种社会年龄类型（age-category），其年龄跨度正在增大。与此同时，当前社会环境的急剧变迁，既给当代青少年的发展带来了新的契机，也给其发展带来了不可忽视的消极影响。这就是使得青少年时期迫切需要解决的认同问题更为突出。

就社会学的基本思路而言，任何一种社会存在、社会事实都应该被

---

① 长期以来，青少年都被视为一种不成熟的社会存在，属于社会的边缘性群体。在社会与青少年的关系中，社会作为一种环境力量，对青少年具有很强的规约作用。在成人主宰的社会中，青少年是社会控制的对象，是成人教育培养的对象，青少年主体性的实现受到社会及成人的制约。特别是在一个论资排辈的社会中，这种现象表现得更加明显。社会通过各种途径和手段制约青少年，社会的学生观、教育制度、舆论力量，都对青少年的成长起着重要的规约和控制作用。当前，各种无休止的考试、排名填满了青少年的生活，他们在学习上的压力几乎超过了新中国成立后的任何一代人。望子成龙的家长让他们听话，做一个好孩子。科层制的学校通过约束他们的行为、压制他们的思想让他们做一个好学生，这样的生活让当代青少年苦不堪言。因此，他们的发展更多地不是自我的选择，而是对社会的适应。在这一过程中，伴随着青少年自我意识的日益凸显，他们必然会通过某种方式谋求自我的表达。

放到具体的社会关系和历史文化脉络中去解读。因此,青少年的认同就不是一个简单的心理过程。社会的经济、政治、文化都会对这一过程产生深刻的影响。从当前的社会现实看,消费认同是一个突出的文化生活现象。在当前琳琅满目的商品世界中,人们选择何种消费方式,在很大程度上是由人们的自我定位和认同决定的。个人的认同与消费往往表现为同一过程的两个方面。一方面,"我"就是我所消费的东西以及我所采取的消费方式;另一方面,"我"消费什么和怎样消费,是由"我"对"我是谁"的看法所决定的。这正如人类学家弗里德曼所说的:"在世界系统范围内的消费总是对认同的消费。"(转引自王宁,2001)[55]消费者通过对各种符号化了的商品(能指)的购买和使用,想象性地获得了心中所欲求的意义(所指),从而象征性地为自己在社会结构中的位置寻找到了一种外在的社会认同资源。商品之所以能够与人的身份认同发生关系,其根本原因就在于它在符号化的过程中,能够聚集人类认同的各种文化和意义资源,从而为人们的个人归属和社会归属提供一个看得见、摸得着的形体,变成自我的象征。这种象征意义对所有人开放,它可以反映个人的生活态度、价值取向和社会地位,因而具有一种表意功能。这种现象在"我买什么则我就是什么"("I shop therefore I am")这句广告词中得到了生动的阐释。

当前,随着社会民主化进程的不断提高,等级森严的社会结构已经被打破。人与人之间的平等已经成为一种法律事实。在经济持续、快速、健康发展的社会背景下,消费不仅不再受到社会的控制,而且还得到了"拉动内需"政策的鼓励。在这种时代背景下,物所具有的社会区分与身份定位功能也发生了某些变化。这种变化主要体现在两个方面:一是消费作为一种社会等级与特权再现的功能已经弱化,这种弱化与人们的消费空间的扩展具有很大的关系。二是消费作为一种自我身份、自我价值实现的功能正日益得到彰显。消费的这种身份区分与建构功能,主要是通过个性、品位、情调等私人化的消费行为得以定义。现代社会,伴随着城市化而来的社会人口的聚集度与流动性的不断增大,社会的异质性也不断增加。社会的陌生化加大了人们对他人身份判定的难度。在熟人社会中,人们很容易通过一个人的文化、家庭、收入等因素判断其阶层归属。但是,这些传统社会中有效地确定一个人身份的要素,在一个流动的现代社会中变得难以辨识。哪怕居住在同一个社区、同一栋楼乃至房门相对,我们也很难确定对方的身份。在个人职业、收入、文化都隐匿的现代都市中,不同的群体和个人都可以通过某种消费方式谋求其期待的社会声望和荣誉。人们对一个人身份的认定,更多的是依靠对其消费的物品及其方式来实现。在这种情况下,消费的身份识别功能非但没有减弱,反而以另一种形式得到加强。

在这样的生活环境中,各种符号化的商品与消费行为,正逐渐构成当代青少年标榜自我,寻求意义的重要素材。从伯明翰当代文化研究中心关于青少年亚文化的研究中可以看出,伯明翰当代文化研究中心不仅把青少年亚文化的符号消费当作一种"抵抗"的策略选择,而且将其视为一种寻求"认同"(identity)的途径。在此,"认同"主要是指"个体将自我身份同至少另外某些身份相融合的过程"(费斯克,2004)[281]。霍尔等认为:流行音乐亚文化——歌曲、杂志、音乐会、节日活动、滑稽戏、与流行歌星见面、电影等——可以帮助青少年树立一种认同感。青少年亚文化风格的展现,不仅反映在他们的服装、音乐和言谈中,也反映在他们所出入的场所和进行的各种活动中。(Hall, Jefferson, 1976)[53-54] 由此可见,亚文化成了青少年谋求社会地位,标榜自我个性的文化力量。而风格化无疑是青少年亚文化实现这一认同的重要方式。在这一过程中,符号消费是构成青少年亚文化风格化以及身份认同的基本途径。为了体现认同并防御认同感的丧失,青少年热烈地寻求可以信仰的人、观念和偶像,醉心于对各种时尚的追求。在消费过程中,他们通过对"拼贴"策略的广泛应用,实现了各种商品能指的重新排列和再结构化,使得所指发生了颠覆性的转移。"美国大众文化——好莱坞电影、广告形象、包装、服装和音乐等——提供了一幅丰富多彩的图画,一套象征符号、物品和人工制品,它们可以毫不夸张地按无限多的结合方式,组合与再组合成不同的集群。每一次选择后的意义都被改变了,因为个别的物品——牛仔裤、摇滚唱片、托尼·库尔提斯发式、女式短袜等——从它们最初的历史和文化语境中被提取出来,与来自其他语境的符号并置在一起"(Hebdige, 1988)[74],制造出了各种风格,从而成为"圈内人"和"圈外人"的标志。由此可见,符号消费对于青少年的身份认同而言具有十分重要的意义。

从直观的经验来判断,消费社会这一新的生活景观在很大程度上契合了青少年身心发展的特点,特别是商品的符号价值所传递和营造的时尚、新潮与个性,更容易得到他们普遍的认同与追捧,构成其认识自我、寻求意义、确立自身合法性的现实道路。以饮料消费为例,面对众多可供选择的饮料,人们大多会选择那些"感觉"上更酷、更时尚、更流行、名气更大的饮料。买饮料的主要目的是解渴,但是,为什么会在无意识之中选择某一品牌的饮料呢?问题的关键在于,解渴的需要并不必然指向某种品牌饮料的消费。对饮料的无意识选择,其实只是部分地与人的生理需要有关,更为重要的是,我们的无意识选择把某种饮料当作了一种审美文化标签、一种想象性的生活象征。很难想象都市的青少年在口渴的时候会不假思索地选择回家喝开水,而不是买饮料。因为这些饮料本身已成了身份、阶层、名望的时尚标签。(王一川,2007)[150]对饮料的需要不是直接来自身体的欲求,而是主要因为广告所造成的饮料的信息性。(波德里亚,2000)[132]因此,面对和置身于符号消费这样的社会生活景观,青少年群体的认同方式必然会与符号消费形成某种关系,呈现出与成人社会不一样的图景。在很大程度上,消费方式的选择、消费内容的确定,成了青少年自我表达的主要素材,也是其自我展现的重要途径。

综上所述,本研究的基本假设可以归纳为:青少年符号消费与其身份认同之间具有密切的关系。一方面,身份认同构成了青少年符号消费的主要目的指向;另一方面,符号消费构成了青少年身份认同的主要素材和表现方式。在符号消费所构成的身份认同空间中,青少年的价值取向、审美特点以及生活趣味等得以展现和表达。因此,符号消费构成了我们了解当代青少年生活方式及其价值原则的重要线索。这对于学校教育重新定位学生,调整教育内容、教育方法等具有重要的参考价值。基于这样的判断,本研究将着力探讨以下几个问题。

1. 青少年的符号消费呈现出什么样的身份认同特征?
2. 青少年如何通过符号消费去建构和表达其身份认同?
3. 青少年通过符号消费的方式去建构其身份认同这一现象本身所表达的是一种怎样的生活方式,这种生活方式又体现着怎样的价值原则和审美特点?

4. 当代青少年符号消费的身份认同特征与以往青少年的身份认同诉求相比有哪些特点?

基于以上认识,本研究的主要目的即在于试图通过青少年符号消费这一线索,揭示当前青少年身份认同的时代特征,以及支持青少年采取这种认同方式的价值原则、审美特点,以期学校教育能够对青少年的生活方式及其价值原则给予恰当的评价,并在此基础上,调整已有的教育观念、内容和方法,从而不断增强学校教育的针对性和实效性。

三、研究的方法及对象

(一) 方法论问题

青少年符号消费就其实质而言,更多的反映的是一种社会文化现象。因此,本研究在方法论层面上主要定位为一种文化研究(cultural study)[①]范式的借鉴和应用。何谓文化研究,当前学界并无定论。英国学者任克斯在《义化》一书中归纳了文化研究的九大特点(陆扬,王毅,2006)[117]。①文化研究是运作于扩展的文化概念中的,它试图构建一个包含所有文化的共同领域,并且拒绝把文化神圣化,坚持把文化的意义与实践"去中心化"、"去经典化";②文化研究重新定义了大众文化、传媒与日常生活中的文化,把大众文化政治化、独立化和合法化,并且充分肯定大众文化自身所具有的价值;③文化研究的倡导者通过他们所理解的大众传媒工具,"承认他们本身认同的社会化";④文化并不是一个固定、封闭和静止的系统,而是一种充满活力的、前赴后继的流动着的过程;⑤文化研究主要根基于冲突而不是秩序;⑥文化研究可以被理解为一种平民式的"帝国主义",在文化研究视角中,社会生活的几乎所有方面都被"文化化"了,它的研究对象包含了生活的方方面面:时装、歌剧、酒吧

---

① 文化研究不同于对文化的研究(study of culture),前者在外延上要小于后者。也就是说,文化研究只是对文化进行研究的一种方式。

聊天、黑社会暴力、超市购物和恐怖电影等；⑦从文化研究的视角来看，"文化的表现存在于各个不同的层次：发送、中介和接受，以及生产、流通和消费"；⑧文化研究没有单一学科来源，是多学科的，它鼓励多学科交叉探索；⑨文化研究对绝对的价值观念采取拒绝的态度。理查德·约翰逊（Richard Johnson）认为，文化研究的途径可以表现为以下三个方面（鲍尔德温，2005）[43]：第一，基于生产的研究；第二，基于文本的研究；第三，对活生生的文化的研究。

对于文化研究，我国大陆学者的基本共识是：文化研究勃兴于20世纪60年代英国伯明翰当代文化研究中心的建立。这种新的对文化进行研究的范式，提倡的是一种跨学科、多学科，甚至是反学科的研究取向，表现出极大的开放性。在研究主题上，文化研究实现了对文化的研究的三个转向（王岳川，2005）：①从经典文化转向对大众文化的研究，或者从中心转向对边缘的关注；②从文字载体的文本转向了对视觉、图像文本的研究，从而使得广告、建筑、绘画、影视作品以及各种消费文化成为新的研究对象；③从纯文学研究转向对阶级、民族、种族、性别、媒体等领域的研究，将文学研究的疆域大大拓展。在研究的价值取向方面，文化研究注重的是一种文化政治学的批判路径。就当代文化研究的分析理路而言，更多是一种葛兰西式的分析套路：一方面强调对人们习以为常的日常生活中所隐藏的各种意识形态的揭示；另一方面则强调在各种意识形态的企图控制之下文化的受众所具有的意义解读的独立性和自主性。

总体而言，文化研究具有这样几个特点：①综合性与开放性。文化研究在研究某一文化主题时注重对不同学科的整合，强调的是不同学科间的相互作用所形成的"相互交叉的话语空间"（interdiscursive space）对于文化研究及其各学科发展的积极意义。也就是说，学科边界在文化研究的视野中是不存在的。或许，这种没有学科边界的学科正是文化研究的特性和生命力所在。②扩散性与生活化。文化研究的对象不是传统意义上的文学或文化，它更多的是采取一种泛文化的研究立场。或者说，它主要采取的是人类学视角中的文化定义，把文化看作一种生活方式的体现。因此，诸如时装、影视、广告、消费方式等与生活密切相关的现象都构成其研究对象。③批判性与现实关怀。文化研究在其发轫之初就走的是一条文化政治的实践道路,关注的是社会边缘群体的声音。因此,对工人阶级青少年亚文化、少数民族、有色人种的关注构成了其最初的研究重点。及至今日,文化研究依然坚持其研究取向的现实性,着力揭示当代大众文化对人的生存与发展的影响。

对本研究而言,文化研究的方法论意义主要体现在以下几方面。

第一,在研究定位上,围绕青少年符号消费与身份认同这一文化主题,本研究采取跨学科的方式对其进行尽可能全面和立体的描述与解释。这主要源于青少年符号消费与身份认同这一社会文化现象的复杂性。一方面,青少年符号消费具有不同的表现形态,渗透于青少年生活中衣食住行以及休闲娱乐等诸多方面,并与当前社会文化结构的变迁等具有十分密切的关系;另一方面,青少年的身份认同也具有不同的类型和层次,每一种类型和层次都具有不同的价值诉求和审美特征,既反映了青少年时期特定的身心发展特点,也反映了当前社会文化生活景观的变化。这种复杂的现实本身决定了本研究多学科的研究视角。具体而言,对于本研究的主题——符号消费与青少年身份认同的分析,将涉及教育学、社会学、符号学、传播学等学科知识的综合运用。

第二,在研究视角上,本研究将保持足够的开放性和扩散性,将传统教育研究中被忽视或被认为没有价值的现象纳入研究视野。这主要表现为本研究对于传统德育所忽视的青少年日常生活现象的充分重视。也就是说,本研究所选择的具体研究对象,主要是那些看起来较为琐碎且日常的文化现象,诸如青少年的穿着打扮、休闲娱乐等都将纳入本研究的视野,成为分析青少年符号消费与身份认同的主要依据。

第三,在研究立场上,本研究试图摆脱学院式研究的精英主义(elitism)情结,同时,也避免研究中的民粹主义(populism,又译平民主义)取向。在本研究中,对于文化主要采取的是一种人类学的界定,即文化是一个"复杂的整体,包括知识、信仰、艺术、道德、法律、风俗以及作为一个社会成员的人所获得的任何其他的能力和习惯"(转引自鲍尔德温,2005)[6]。因此,在具体的描述和分析过程中,本研究既要看到成人文化、社会主导文化以及文化工业对青少年符号消费与身份认同的外在控制和压迫,也要看到青少年在这些外在文化规训下的抵抗性和创造性。这样有利于克服法兰克福学派文化研究的悲观主义取向,同时，也对伯明翰当代文化研究中心的乐观主义保持必要的理智和警惕。因此，坚持文化研究所倡导的社会批判与现实关怀相结合的价值立场，有利于我们对青少年符号消费与身份认同这一社会文化现象作出较为恰当的评价。

（二）具体方法

1. 文献研究法

文献研究法是一种以文献资料为依据，通过对这些资料中所涉及的研究问题和结论进行抽象归纳、逻辑演绎、辩证分析、框架重组，进而抽取出与研究课题相关的研究成果、了解研究进展状况，以发现研究问题、继续开展研究的方法。其特点是能够在短时间内探明本领域研究动态，得出有价值、有前沿性的研究结论。在本研究中，文献研究的主要功能在于为研究提供理论分析的依据和视角。首先，符号消费作为当代社会学、文化学、传播学等学科领域重要的研究主题，已经取得了一系列卓有成效的成果。对这些理论成果的梳理、整合，一方面可以为本研究奠定坚实的理论基础，另一方面可以拓宽本研究的理论视域，这对于构建研究的分析框架具有很好的理论借鉴意义。其次，青少年社会化过程中的认同问题是一个涉及教育学、心理学、社会学、哲学等众多学科领域的具有明显跨学科特征的现实问题。对这一问题研究的创新，需要对相关学科的研究成果有一个基本的判断，避免研究的重复性。最后，对其他学科研究成果的把握，也可以深化本研究的主题。

2. 文本分析法

对语言学家来说，文本指的是作品中可见可感的表层结构，是一系列语句串联而成的连贯序列。在文化研究中，文本表现出了一种无所不包的"大文本"趋势。青少年文化、肥皂剧、同性恋等社会现象都被视为一种文本。可以说，文化研究是将整个世界作为一个可供分析的文本。具体到本研究而言，文本具有两个方面的含义。首先，作为一种社会文化现象的文本。在本研究中，青少年符号消费这一事件本身即是一种社会行动意义上的文本。对这一行动文本的分析，一方面是要描述出其构成要素的结构特征，另一方面则要揭示这一表层结构中所蕴涵的内在意义和价值取向。其次，作为一种具体文案的文本。这在本研究中主要指的是青少年所消费的各种物品的广告词等。对这些文案的文本分析，意在揭示出其中所附着的文化意义。文本分析具有多种方式，本研究主要采取的是罗兰·巴尔特的符号学分析路径，重在揭示各种文本的能指、所指及其意指关系的内涵。

随之而来的问题是，我们如何对青少年所消费的各种商品进行研究上的取舍？把所有青少年消费的商品都纳入本研究的范畴是不可能的，同时也没有必要。为了避免过于特殊的商品会影响对青少年的了解，商品的选择必须贴近青少年的生活，并且具备一定的符号意义。拉斯科福德（Rathchford）通过调查，把消费者所消费的商品划分为三种类型（转引自林嘉威，2000）：第一，符号性（symbolic）商品，如牛仔裤、化妆品、香水等；第二，功能性（utilitarian）商品，如电脑、电子产品、仪器设备等；第三，兼具符号性和功能性（both symbolic and utilitarian）的商品，如汽车、饮料、运动鞋等。在本研究中，对于青少年所消费的商品的分析，主要是以兼具符号性和功能性的商品为分析对象。这样一方面可以保证这种商品不致离青少年的生活太远，另一方面也有助于从符号的角度分析青少年消费这种商品的文化意义。在本研究中，主要对青少年所消费的服饰、信息、空间、文化产品（音乐、影视、文学文本等）进行文本层面的符号学分析。在这里，产品本身的使用价值及其物理属性只是作为一种分析的前提性条件而存在，并非探讨的重点。问题的关键在于，商品中所包含的符号价值及其所代表的意义，对于青少年的身份认同将会产生怎样的影响。

3. 访谈、观察法

在韦伯看来，社会生活领域的独特性在于人的行动由行为者赋予一定的意义。社会学研究首先必须观察行动者的"主观思想状态"，并依靠研究者的直观或理解对行为的意义作出判断，这样社会事实最终才可以转变为可理解的事实。本研究所探讨的符号消费与身份认同并不仅仅是一种外在的客观化行为和现象，它将涉及潜藏于人的无意识之中的心理结构的驱动。另外，符号消费并不是一种纯粹的经济现象，就其实质而言，它更多的是一种文化实践活动。这一活动必将涉及制度、风俗、信仰等诸多层面。对这样复杂现象的把握，单靠文献和文本的描述是远远不够的。这就决定了本研究必须诉诸访谈、观察等定性研究方法的使用，才可能最大限度地接近研究对象的真实状态。

（三）研究对象的界定及资料的收集

1. 青少年的界定

青少年是一个模糊的概念，在世界范围内并无一个明确的定义。世界卫生组织一般把年龄处于 10—19 岁的人群称为青少年，指介于儿童和成人之间的人生发展阶段。在这里，青少年被定义为一个获得有效参与社会所必需的态度和信念的过程而不是一个时期。（参见罗吉斯，1988）[6] 从当前的现实来看，青少年的生理、心理成熟与其所应承担的社会责任之间存在某种程度的脱节现象。一方面，当代青少年由于在营养、饮食等条件上较之父辈更为优越，因此，从生理的角度看，他们的青少年期已经明显提前。但另一方面，由于学校教育期的延长、父母的溺爱等原因，当代青少年在社会责任担当方面的年龄被延后了。因此，仅仅从生理年龄这个角度来界定和认识青少年是不够的。我们还必须从一种社会文化的视角来判断青少年的社会身份属性。

在本研究中，生理学意义上的青少年只是作为一种社会分类的前提，为我们理解和确定青少年提供一个自然框架或年龄范围。而社会学意义上的青少年则为我们认识和判断这一群体的价值观念、生活方式、语言习惯等提供社会文化的依据。在很大程度上，社会文化意义上的青少年对本研究的展开更具有实质性的意涵。因此，在本研究中，对于青少年本质的认识，不应简单地从特定的年龄、心理、生理等自然范畴加以界定，而应从青少年的文化特征及其包含的特殊矛盾来加以认识。从青年文化人类学角度来看，"凡是具有生理心理机能的富有成熟与社会机能的匮乏不成熟的矛盾的，就是青年，否则就不是青年"（姜丽萍，1990）[32]。这实际上表明，只有解决了构成青少年本质基础的根本矛盾，即生理心理成熟与社会机能不成熟之间的矛盾,并完成社会机能成熟化的人,才能称其已经结束了青少年期。也就是说,只要青少年期的根本矛盾仍然存在,那么,不管其实际生理年龄是多少,他依然属于青少年的范畴,都在本研究的分析对象范围之内。

2. 资料的采集

本研究的资料来源主要有三个方面:①访谈和观察所获得的资料。本研究在北京、河南新乡、安徽安庆和广西百色四个地点进行访谈和观察。访谈对象主要以在校的中学生为主。访谈人数共26人,其中北京10人,河南6人,安徽4人,广西6人。访谈方式为焦点团体法和个别访谈相结合。一般是先就某一主题进行焦点团体访谈,根据访谈对象在焦点团体访谈中的表现,选择个别对象作进一步的访谈。②通过网络收集的资料。在访谈中,一些青少年为笔者提供了一些与研究主题密切相关的博客、QQ空间、论坛及网站。这些博客与QQ空间很多就是他们自己或熟识的同学、朋友所开设。而他们推荐的关于中学生日常消费及生活的论坛的参与者,也大多是青少年学生。在采集资料的过程中,笔者也有意地加入其中的一些博客,就某些问题通过网络留言的方式与他们作进一步的沟通。网络　方面扩大了本研究的对象范围,另一方面也使得研究所需要的信息和资料更为全面、真实。因此,这些网络资源构成了本研究的重要素材。③已有相关研究的数据。当前有关青少年消费或时尚消费的研究报告或论文相对而言比较多,这些报告或论文可以为本研究提供必要的数据支持。具体而言,文中的一些数据主要来源于中国青少年研究中心及其他相关研究机构所采集到的数据。除了以上三个方面之外,一些新闻素材、广告文案等,也是本研究资料来源的重要方面。

四、核心概念分析界定

(一) 符号消费

消费在其最初的含义方面，主要指的是物品被"毁掉、用尽、吞掉或喝光"（卢瑞，2003）[1]。因而，人们总是倾向于从消极的方面来理解消费，认为消费之于生产是第二性的，它是市场生产活动的终结。在经济学的视野中，消费往往被当作与生产、流通、分配一起构成的物质循环的一个重要环节来研究。消费者个人则被假设为纯粹的"理性人"或"经济人"，因而影响其消费行为的主要因素就在于其收入水平和商品的有用性。实际上，作为社会关系中的人，不仅仅具有理性算计的一面，还有情绪、情感等非理性的感性诉求。因此，经济学视野中的消费更注重的是物的使用价值及其交换价值的层面，而较为忽视商品本身所具有的文化内涵和社会意义。

本研究关于消费问题的界定，更多的是一种社会学和文化上的定义，强调的是消费本身的符号象征意义。因此，在本研究中，所谓符号消费，是指对商品符号价值的消费。商品的符号价值不同于其使用价值和交换价值的核心在于，使用价值属于物的自然属性范畴，交换价值属于物的经济价值，而符号价值则反映的是物的社会意义及其文化属性，其功能就在于通过消费显现消费者的经济地位、政治地位、文化地位等阶级或阶层差别，以及对表达风格、品味、流行、时尚等象征意义的满足。因此，符号消费最大的特征就在于其表征性和象征性，即通过对商品的消费来表现个性、品味、生活风格、社会地位和社会认同。波德里亚即认为，消费作为当代社会所特有的概念，它不是围绕着需求或效用而进行，而是一种符号行为或使用符号的方式。因此，消费的社会性和社会学意义不在于它的自然属性，而在于同自然属性相分离的过程，在于它作为一种编码、一种符号设置系统。（王宁，2001）[144]

在这里，需要辨析的两个短语是：符号的消费和消费的符号。符号的消费主要说明的是消费者在消费过程中，不仅消费该商品本身，而且消费这些商品所象征或代表的某种意义、心情、美感、情调或气氛等。王宁认为，符号的消费有四个层次（王宁，2001）[203]：①对商品外观上的示差符号（物的第一层次符号）的消费。即对商品本身的造型、色彩、包装、图案等的消费。②对商品的地位象征符号（物的第二层次符号）的消费。如对商品所代表的社会地位、身份和品位的消费，在此过程中所产生的自鸣得意等心理体验也成为消费的对象和内容。③对消费环境的消费，即消费的空间也成为符号消费的对象。如在五星级大饭店进餐不仅仅是对食品的消费，还包括对饭店氛围和气派的消费。④对消费仪式的消费。即对消费过程中的服务程序、态度等外在要素的消费。如餐厅服务员的服务，不仅构成劳务消费品的一部分，而且构成饮食的附加消费仪式（代表档次和身份的符号）的内容。由此可见，符号的消费主要体现为对商品符号的意义或内涵的消费，其典型表现形态就是对品牌或名牌的消费。

消费的符号则主要是指消费过程不仅满足人的基本需要，而且要向社会或他人传递出个体的地位、身份、个性、品位和认同等信息。也就是说，消费的符号功能更多的是一种表达。它实际上隐含了一个假设，即商品的符号必须按照一定的规则进行编码，也必须由社会公众来解码。如果社会公众不能识别商品符号的意义，商品的符号价值将无从实现。因此，符号消费的顺利实现，必须有一个"消费剧场"的存在作为前提。在这个剧场中，每个人既是消费者，又是观众。（参见李正欢，曾路，2004）托尔斯坦·凡伯伦（Thorstein Veblen）在《有闲阶级论》一书中所提出的"炫耀性消费"，可以看作这方面消费的突出表现。

本研究所说的符号消费，实际上包含了符号的消费和消费的符号的统一。前者重点强调商品的符号意义对于消费者个体的价值，也就是说，这是一种以个体为指向的符号消费，其符号价值的占有者是个体。后者则重在通过对某种商品的占有向外界表达消费者的社会阶层、身份、个性等文化因素，因此，消费的符号更多的是一种以他人或社会为指向的符号消费。这种消费的符号价值主要由其他观众来解读。在现实生活中，这两种类型的符号消费实际上是紧密联系在一起的。消费者在消费活动中既消费商品的"地位象征"意义以及由此带来的自我满足感（符号的消费），同时也在消费过程中向他人呈现和表达自己的社会地位（消费的符号)。综上所述,在本研究中,符号消费既是指对商品符号所代表的意义的消费,也是某种意义或信息的符号表达的过程。

符号消费并非当代特有的生活景观,过去的皇亲国戚、达官显贵也存在很强的符号消费行为(比如中国古代皇权阶层对黄色这一符号的占有和使用)。但是,这毕竟只是少数特权阶层的专利。符号消费在当代的特殊性在于,它已经随着日常生活审美化的浪潮,由旧时的"王谢堂前燕",飞入了"寻常百姓家"——符号消费不仅仅作为一种具有普遍性的大众消费方式扩散到各个阶层、群体当中,而且日益成为现代人生活方式与话语认知的一部分,构成了他们独有的生活图景。

(二)身份认同

不同学科领域的认同概念具有不同的内涵和所指。在认同问题上,哲学领域主要使用的是"personal identity"一词,它基本上是基于一种本体论层面上的对"我是谁"的追问,引发人们询问"是什么使得我成为我?"。这种本体论的研究视角,赋予了认同问题深刻的价值底蕴,凸显了认同问题之于人的重要意义。我国学者王成兵从人学的视野出发,从人的自然属性、社会属性和精神属性三个维度,对认同问题进行了界定。他认为,所谓认同"是指现代人在现代社会中塑造成的、以人的自我为轴心展开和运转的、对自我身份的确认,它围绕着各种差异轴(譬如性别、年龄、阶级、种族和国家等)展开,其中每一个差异轴都有一个力量的向度,人们通过彼此间的力量差异而获得自我的社会差异,从而对自我身份进行识别"(王成兵,2004)[9]。在他看来,认同危机之所以产生,在于认同本身各要素之间的内在张力使然。以自我身份感为核心内容的当代认同其实是用"主我"(I)的眼光去审视"他者"(others),是以"我"为圆点去看待他者。这就构成了"主我"与其审视对象之间关系的两个向度:就纵向而言,涉及"主我"和"客我"(me)之间的关系;就横向而言,涉及主我与非我的关系。前者是自我的一种内在深度感和向内感;后者是自我与他人之间的相互影响、相互造就的关系。而认同就是这些关系中的"我"的位置感和归属感。(参见王成兵,2004)[15-16]

认同在心理学领域使用的是"identity"一词,它主要指的是在个体内部存在着一种机制,这种机制能够使个体在变化的社会中保持必要的一致性与连贯性。因此,心理学视野中的认同问题主要关注的是一种个体性的心理事实,试图解决的是个体内心冲突的平衡渠道的问题。埃里克森认为,青少年在青春期所面临的危机是同一性对同一性混乱的危机。个人到了青春期,生理上的成熟总是破坏着本我、自我和超我的平衡,同时因为社会的冲突和要求变得混乱,青少年必须通过积极的探索、亲身的体验来获得自我同一感,防止同一性混乱。在埃里克森看来,同一性的建构主要具有6种功能:①为个体的过去、现在和预期的将来提供主观的连续性;②为综合个体与父母、同辈群体的认同提供心理机制;③为生活的不同方面的组织和整合提供框架与结构,促进行为的跨情境的一致性;④帮助个体防止突然的不连续的体验;⑤为社会比较提供基础;⑥为个体的生活提供方向感。(埃里克森,1998)[117]

社会学领域中的身份认同大多使用的是"self identity 一词"。诞生于20世纪60年代的认同理论主要起源于社会学的符号互动理论,符号互动理论之父查尔斯·霍顿·库利(Charles Horton Cooley)和乔治·赫伯特·米德(George Herbert Mead)最初并没有使用"认同"一词,而是将"自我"作为主要概念。在"认同"概念得到普及的基础上形成的认同理论,主要沿着两个方向发展:一个是结构化符号互动,它的主要目标是理解社会结构如何影响自我,自我又如何影响社会行为;另一个是自我过程的内在动力是如何影响社会行为的。

后现代学者杰弗里·威克斯(Jeffery Weeks)认为:"认同乃关于隶属(belonging),即关于你和一些人有何共同之处,以及你和他者有何区别之处。从它的最基本处来讲,认同给你一种个人的所在感(sense of personal location),给你的个体性(individuality)以稳固的核心。认同也是有关你的社会关系,你与他者的复杂牵连。"(转引自姚建平,2006)[4] 威克斯对认同的理解强调的是人的归属感,即个人的社会位置,解决的是"我在哪儿?"的问题。

吉登斯在《现代性与自我认同》中分析了现代社会晚期出现的社会心理现象,认为现代性对个体的自我认同造成严峻挑战,需要个体进行反思性的实践。在吉登斯看来,自我认同是个体在社会关系中进行自我探索时所作的交涉,自我认同机制一方面由现代性制度塑造,另一方面也塑造着现代性的制度本身。因此,在吉登斯那里,一个人的身份是通过社会关系网来定位的。"一种社会定位需要在某个社会关系网中指定一个人的确切'身份'。不管怎样,这一身份成了某种'类别',伴有一系列特定的规范约束……某种社会身份,它同时蕴涵一系列特定的(无论其范围多么广泛)特权与责任,被赋予该身份的行动者(或该任务的'在任者')会充分利用或执行这些东西;它们构成了与此位置相连的社会规定。"(吉登斯,1998)[161-162]由此可见,吉登斯对认同的界定具有明显的角色论的色彩。

詹金斯·理查德(Jenkins Richard)认为,认同有两种含义。第一,同一性;第二,独特性。因此,认同揭示了"相似"(similarity)和"差别"(difference)的关系。"相似"和"差别"是认同的两个不同的方面。一个人的前后同一特性,或一个群体成员之间的相似性,同时也构成了与其他人("他"或"他们")的差别。(参见 Richard,1996)[3-4]这实际上揭示了认同的形成机制和表现形式。

我国学者沙莲香教授则认为:"认同是一种心理学用来解释人格统合机制的概念,即人格与社会及文化之间怎样互动而维系人格统一性和一贯性,认同是维系人格与社会文化及文化之间互动的内在力量,从而是维持人格统一性和一贯性的内在力量,因此这个概念又用来表示主体性、归属性。"(沙莲香,2002)[序言]不管这一定义有多复杂,它最终还是落在了归属感上,强调人与社会、文化之间的归属关系。

综合以上论述,本研究认为,认同就其实质而言,乃是一种文化或价值的归属。这种文化或价值的边界即是认同的边界,同样,文化或价值的差异就是认同的差异。因此,本研究中,认同(identity)实际上包含了相似和差异的统一,即一个人前后的同一特性,或成员之间的相似性,同时也构成了这个人与"他人"或这组人与"他们"之间的差异性。(王宁,2000)[53]从这一角度出发,根据认同所指对象的不同,人的认同大致可以分为两部分,即个人认同和社会认同。个人认同主要包括自我认同和角色认同两个层面。前者是一种内在的认同,强调的是个人依据自我经历所形成的、作为反思性理解的自我,以及自己作为一个独立完整的个体存在而不受制于他人、集体、社会或某种超自然的力量。后者则主要是一种对社会期待的一套行为模式的认可,强调的是个体身份的社会建构性和制约性。社会认同则是指人在社会实践中,对某一共同体特定价值、文化、信念的一种接近的态度,其直接对象是人的行为的普遍和客观的社会意义。(王成兵,2004)[16]社会认同可以依据认同对象的不同分为群体认同、阶层认同和民族(国家)认同三个主要层面。不管是何种意义或层面上的认同,其展示途径主要包括:①通过个人与他人的相似和差异来界定边界;②通过群体或集体内部的相似性和集体间的差异性来界定边界。

任何认同都不是在真空环境中进行的,它必然带有一定时期社会文化的烙印,并受特定价值观念和认同规则的约束。与此同时,任何认同也都不是单方面环境影响的结果,自我的能动性在认同过程中同样具有举足轻重的作用。因此,本文对青少年认同的分析,一方面将青少年认同放置在消费社会这一宏观场域中来探讨,另一方面也从青少年自身成长的内在特点这一微观层面来分析,希望通过宏观与微观相结合的角度,能够更为准确、全面地认识青少年符号消费与身份认同这一社会现象。对于青少年而言,在社会结构中谋求特定的位置,将构成其身份认同的主要基调。

五、研究的思路及结构

如果说马克思提出了商品的使用价值和交换价值的概念,那么波德里亚(Jean Baudrillard,又译布希亚、鲍德里亚)则在此基础上进一步发展,提出商品除了其使用价值和交换价值外,还存在着象征价值和符号价值。在他看来,消费社会已经被物所充满,不仅如此,消费已经成了一种特殊的话语,成了一种神话。"消费并不是一种物质性的实践,也不是'丰产'的现象学,它的定义,不在于我们所消化的食物、不在于我们身上穿的衣服、不在于他们使用的汽车、也不在于影像和信息的口腔或视觉实质,而是在于,把所有以上这些[元素]组织为有表达意义功能的实质;它是一个虚拟的全体,其中所有的物品和信息,由这时开始,构成了一个多少逻辑一致的论述。如果消费这个字眼要有意义,那么它便是一种符号的系统化操控活动。"（布西亚，2001）[223]因此，消费并不是对需求的满足，也不是对消费品的购买、拥有、享用，更不是吃饭、穿衣、开车、看电视、打电话等有形或无形（图像、信息等）消费品的物质性或体验性的消费活动，这些仅仅是消费的前提而不是消费本身。消费更多的是一种符号活动。在消费中，物、图像或信息只是一种意指符号，而消费就是对这些意指符号的操作和加工，即消费是一种"操纵符号的系统化行为"。

在瑞士语言学家索绪尔（Saussure）那里，语言符号实际上包含能指（signifier）和所指（signified）两个方面。能指是符号意义的载体，它由物质、行为、表象、概念等承担。所指则是指符号的意义，这种意义是需要符号的载体——能指来体现和表达的。例如，关于"树"这个符号的笔画和发音就是"能指"，而人们通过"树"的笔画和发音在内心中所呈现的有关"树"的心理形象，就构成了"树"的意义，即"所指"。能指和所指的统一，就构成了一个完整的符号。（参见索绪尔，1996）

索绪尔认为，任何符号单元与特定意义之间的联系都是任意的、偶然的。例如，我们用"狗"这个符号来指称狗这种动物（而不是反过来，用"狗"这个符号指代猫这种动物）是先人们一种偶然的组合。如果当初人们沿用"狗"这个符号来表示猫这种动物，那么，后人也只能接受，并不觉得奇怪。因此，语言符号能指与所指之间的关系最初是一种任意的组合，是一种约定俗成的习惯。

法国符号学家和文学理论家罗兰·巴尔特（Roland Barthes）认为，符号的能指与所指之间通过不同的意指关系可以形成不同的意义。由第一级的能指和所指所构成的符号可以成为更高层次的所指的能指，从而使得最初的符号获得新的所指。对此，巴尔特有过如下论述。

> 所有意指系统都包含一个表达层面（E）和一个内容层面（C），意指行动则相当于这两个层面之间的关系（R）：ERC。现在，我们假定，从这个系统延伸出第二个系统，前者变成后者的一个简单要素……第一个系统（ERC）变成了第二个系统的表达层或能指：
>
> 2 E R C
> 1   ERC

或表示为:(ERC) RC。……我们可以说,内涵是这样一个系统,它的表达层面本身由一个意指系统组成。(巴尔特,1999a)[83-84]

巴尔特所说的表达层(E)实际上指的就是符号的能指,而内容层(C)指的则是符号的所指。能指与所指之间形成的意指关系主要体现为两个层面的意义。

(1)外延意义(denotation)。在外延意义层面上,符号的能指与所指之间的关系是自然和明确的,并且为人们所熟知。这是符号最初的意义。如"树"这个符号的外延意义即为"木本植物的总称"。人们一般对符号的外延意义的理解不会产生歧义。

(2)内涵意义(connotation)。在内涵意义层面上,符号的能指与所指之间的关系变得复杂化,其意义往往也是隐晦的。根据巴尔特的观点,我们可以把外延意义层面上的符号称为符号1,相应的能指和所指称为能指1和所指1,把内涵意义层面的符号称为符号2,其能指和所指分别称为能指2和所指2。这些能指和所指在内涵意义层面上所形成的关系就变成:符号1 = 能指1 + 所指1 = 能指2,符号2 = 能指2 + 所指2,因此,符号2 = (能指2 = 能指1 + 所指1) + 所指2。由于符号2中的能指2实际上包含了一对意指关系,即能指1 + 所指1,因此,符号2中的能指2与所指2之间的关系就不像符号1中能指1和所指1的关系那样自然和明确,而是变成人为化的东西,成为可以被意识形态操纵和加工的关系。对于这一层面意义的理解,需要特定的文化背景知识的参与。

从以上论述可以看出,符号的外延意义是直接的、明显的,并为人们所熟知。而符号的内涵意义则是建立在其外延意义基础之上,具有明显的意识形态的特征。内涵意义得以实现的重要途径就在于媒体、教育等的大力宣传,从而使这种外在附加的意义逐渐获得社会的默认,变成一种社会事实,并反过来影响人们最初看待和思考符号意义的方式。这就构成了巴尔特所说的语言神话(mythology)。

比如,人们对玩具这一符号的认识通常停留在玩具的直接指称作用,即玩具是能够使儿童获得快乐并实现社会化的物品上。但实际上,玩具的意指作用则是中产阶级的社会秩序,是现代成人世界的再现。

巴尔特一方面建构了一套系统而不失深刻的符号学理论,另一方面又用这些理论来分析司空见惯的生活现象,使人们第一次真切地发现人类确是生活在一个卡西尔(Enst Cassirer)说的"符号世界"里。在日常生活里,人们经常接触各种非语言符号,它们无疑都能起传递信息的作用,即符号学所说的意指作用。比如玫瑰作为符号,其能指是一种观赏植物所开的花,其所指是爱的激情与浪漫。当人们把玫瑰作为一种符号用以表达爱意的时候,它们实际上已经作为一种符码进入所指的事物之中,成为把当事人以及这种文化交互过程连接起来的传播渠道。(李彬,2003)[140]

因此,要较为全面、准确地理解当代青少年的符号消费,我们首先必须了解它本身所承载的意义或意图。其次,分析这些意义或意图如何通过符号消费而得以具体表达和展示。在此基础上,还必须透过这些意义或意图的表面所指,揭示由符号消费所建构起来的身份认同及其所体现的文化价值属性。如果我们把青少年符号消费看作一个社会行动符号①,那么,对这三个问题的分析就可以遵循符号学的分析路径。符号学分析的基本要旨在于解析出一个符号文本的能指、所指及它能指和所指所构成的意指关系的内涵意义。就青少年符号消费这一文本而言,青少年符号消费的目的或意义构成这一文本的所指,而青少年符号消费的载体、内容构成这一文本的能指。由青少年符号消费的意义和载体所形成的意指关系中包含的深层次的文化诉求,则构成这一文本的内涵意义。基于此,本研究的着力点即在于:探寻构成青少年符号消费这一文本的所指空间、能指世界以及两者意指关系的内涵意义,在此基础上,分析其对于青少年成长以及学校教育的意义。

所指作为符号本身的意义指向,主要反映的是与之相对的能指在人们的头脑中所形成的观念、内涵等。对于一个行动文本而言,所指主要

---

① 在德国社会学家韦伯(Weber)看来,人的行动总是包含着特定的意义。如一个人用斧头砍树这一行动,可以看成是"准备冬天取暖的材料"这一意义的显示。因此,从这个角度看,行动本身就是一种显示某种意义的符号。对此,美国社会心理学家米德(Mead)作了进一步的论述和说明。他认为,人的姿态、动作和举止都可以看作是某种意图或意义的符号。人们往往根据他人的行动符号而预先采取相应的回应行动。由此可见,青少年的符号消费也可以看作一个行动符号。

表明了这一行动本身所指向的目的和意义。在本研究中,身份认同是作为青少年符号消费的所指出现的。也就是说,身份认同表明了青少年符号消费的主要目的和意义。因此,深入揭示青少年在符号消费中所指向的身份认同世界的意义空间,将有利于我们透过青少年纷繁复杂的符号消费行为现象,把握其独有的价值原则和审美特点。具体而言,本研究将从青少年身份认同的个体层面和社会层面两个维度,分析其个体认同和社会认同在符号消费的行为中所呈现出来的特点。这将构成本书的第一章。

能指作为符号意义的载体,是由物质、行为、表象等承担的,符号的意义需要能指来体现和表达。人们也正是通过对能指的辨认和了解去接近、把握符号的意义所指。因此,能指的属性和特征在很大程度上将会影响人们把握意义的方式、程度。也就是说,作为青少年符号消费所指的身份认同,必然通过符号消费的一系列能指表现出来。在当前消费社会的生活景观中,符号消费的具体呈现与现代传媒信息、流行时尚以及消费空间等有着十分密切的关系。在很大程度上,媒介信息、流行时尚以及消费空间构成了当前符号消费的重要能指形式。基于此,本研究将重点分析符号消费的信息化、时尚化以及空间化等三方面如何承担以及影响青少年身份认同的表达。这一分析将有利于我们对青少年身份认同的社会文化空间形成一个清晰的认识。上述内容将构成本书的第二章。

意指的内涵意义主要反映的是能指与所指之间的某种隐晦的关系,是能指与所指的"联想式的整体"。在意指的内涵意义中,能指与所指之间的关系并非直接对应,必须通过一系列的符号分析才能呈现出来。关于这一点,可以通过法国符号学家和文学理论家罗兰·巴尔特对一张照片的分析作进一步的说明。在巴尔特看来,一个身穿法兰西军装的黑人向三色旗敬礼这一画面本身,其直接的指示作用仅仅是表示致敬而已。但其意指却是"法国是一个伟大的帝国,她的所有子民,没有肤色歧视,忠实地在她的旗帜下服务,这个黑人在为其压迫者服务时表现出来的忠诚,再好不过地回答了那些对所谓殖民主义进行诋毁的人。因此,我再度面对了一个更大的符号系统:它有一个能指,其自身已凭前一个系统所形成(一个黑人士兵正行军礼);还有一个所指(在此是法国和军队的有意混合);最后通过能指而呈现所指"(巴尔特,1999b)[175]。由此可见,意指的内涵意义是一种隐含在符号的能指与所指所构成的现象背后的深层含义。对于本研究而言，将主要从流行文化与亚文化两个视角，分析青少年符号消费这一表面现象本身所指向的更为隐蔽的价值诉求和审美特点，以期能够更为全面、准确地把握当代青少年的思想动态及类型特征。这将构成本书的第三章。

在对青少年符号消费这一文本作符号学分析的基础之上，本研究将从历史的角度，探寻作为当代青少年一种认同方式的符号消费，与20世纪80年代前的青少年的身份认同方式有何不同；不同时代的青少年所表现出来的认同方式迥异的背后，是否存在一些一以贯之的基本主题；这些主题的存在如何从深层次制约青少年认同的发展，并使得不同时期的青少年文化表现出异彩纷呈的局面；在缕析出青少年身份认同背后的基本主题的基础上，本研究再次回到青少年符号消费本身，对其进行一种功能解读，希望从中分析出若干具有教育意义的启示。对这些问题的探讨，将构成本书第四章的基本内容。

最后，在全书的结语部分，将重点阐述本研究对于教育研究的方法论启示，希望能够通过对文化研究理论和视角的引入，拓展教育研究的视阈，丰富教育研究的方法，转变教育研究的立场。这是本研究最终的意义指向。

第一章
身份认同：
青少年符号消费的所指空间

青少年符号消费作为一种客观事实或事件，如果从符号学的视角来看，其本身即是一种符号文本。因此，遵循符号学的基本分析思路来对这一文本进行解读，其主要任务就是缕析出其中的能指与所指以及两者所构成的意指关系的内涵。基于此，本章的主要任务是探析青少年的符号消费在身份认同这一所指世界中的具体表现。也就是说，青少年的身份认同在符号消费的背景和行为中具有什么样的特点。一般而言，身份认同主要是通过对某种意义的占有和表达而达到一种归属的目的。这种归属大致可以分为个体归属和社会归属两个方面。因此，身份认同这一所指世界主要包括个体认同和社会认同两个方面。其中，个体认同大致包括自我认同和角色认同两个方面，社会认同主要包括群体认同、阶层认同和民族（国家）认同三个方面。因此，本章对青少年符号消费这一事件意义或目的的分析，将探讨青少年的符号消费对其身份认同各个维度的影响及其表现形态。

一、符号消费与青少年个体认同

符号消费的重要特征在于这种消费方式的象征意义。对于青少年而言，这种象征意义一方面既可以指向自我的内在精神世界，另一方面也可以指向某种外在的社会关系。前者将构成青少年身份认同的个体层面。在这里,青少年对自我人格或形象的自我定义将对其符号消费行为产生重要的影响,成为青少年符号消费的重要内在认同框架。以下将主要通过自我和角色两个维度,来分析青少年的内在认同框架与其符号消费之间的关系。

需要说明的是,自我认同与角色认同并不是两种截然对立的认同类型。在本质上,两者都指向一个"心理定位",即都是在塑造一种形象,两者的统一就回答了"我是谁"这一问题。美国社会学家欧文·戈夫曼(Erving Goffman)认为,人的第一个意义就是一种面具,"只要这种面具代表着我们已经形成的自我概念,即代表着我们力图充分体现的角色,那么,这种面具便是我们的更真实的自我,即我们所希望努力达到的自我"(戈夫曼,1988)[3]。两者的不同在于,角色相对于自我更多的是一种外部形象,它更依赖于一定的外在表演情境,而自我则更多地与个体的内部形象有关,建基于一定的主观经验和自我反思的基础之上。

(一)符号消费与青少年的自我认同

自启蒙运动以来,以自我为核心的人的主体性得到了极大的释放。在当代社会,随着政治、经济以及文化等层面的变革所带来的社会公共空间的不断扩大,以及包括生活方式在内的私人领域不断受到人们的尊重和法律的保护,一个人在法律范围内对自己言行举止的自决权,在很大程度上得到了制度上的保证和文化上的支持。因此,自我成为当下生活中一个引人注目的话题。这一话题在当前消费社会的生活景观中更为明显,各式各样且层出不穷的流行时尚,构成了一个人表达与展现自我的重要素材,自我实现了与消费的联姻。吉姆·布莱思(Jim Blythe)从营销的角度分析了消费者的自我意识定位对其消费行为的影响。他认为:"自我意识是人们对自己的看法和感觉。它在理解消费者行为中扮演了重要角色,因为人们购买有助于自我意识的产品。例如,认为自己命中注定是女性的女人,将挑选漂亮的衣服去提高这种形象;或者把自己视为心灵手巧的男人,将会用最精密的工具装备自己。"(布莱思,1999)[62]这实际上说明了自我意识如何影响消费者的购买行为。而作为对自我问题有着天然敏感性和积极热情的青少年，更是表现出对自我与消费，特别是符号消费问题的极大关注。

从前文论述可以看出，人的自我认同就是要使个体在社会化过程中，形成一种具有内在深度感和意义感的稳定的、连续的自我形象。因此，对符号消费与青少年自我认同关系的考察，重点就在于分析符号消费与自我的一致性、真实性和独特性等方面的关系。

1. 符号消费与青少年自我的一致性

所谓自我的一致性，主要包括两个方面的内容。一是时间维度的一致性，这种一致性表现为个体的自我形象、人格、习性等内容具有历时性的连续性。二是空间维度的一致性，这种一致性表现为个体的自我形象、人格、习性等内容在不同的情境中具有共时性的统整性。

（1）符号消费与青少年自我的连续性

认同范畴中的连续性，主要指的是一种自我体验和自我经验的感觉，即"一个人对在时空中存在的自我一致性和连续性的知觉以及别人认识到一个人的一致性和连续性这一事实的知觉"（埃里克森，1998）[37]。它保证个体在时间维度上的一致性，确保今天的"我"是昨天的"我"。自我丧失了这种历时记忆的一脉相承，必将陷入无根的漂泊感之中，难以获得自我定位的稳固的历史根基。

时间是自我认同的重要向度，过去、现在、将来构成了个体认同的基本坐标，而在消费社会中，由于商品符号所建构起的意义世界的流动性，每个个体都需要不断地建构新的自我认同坐标。这种认同建构永远处于一种变化之中，而且并非朝向一种具有任何确定方向的目的发展。（瑞泽尔，2003）[219-222]在这种生活景观中，由于符号消费造成的时间的碎片化，自我的稳定性问题构成了符号消费社会中一个突出的现实问题。"身份仍像它在现代时期中那样，是个问题。在当代社会中，身份远未消失，而是被重新建构和重新界定。身份如今变成了一种被自由选择的游戏，自我的一种戏剧性的表现，而且，当一个人随意地彻底转变身份时，他可能会丧失控制……"（鲍曼，2002b）[86]因此，符号消费中的自我认同问题，就是一种对身份的不确定性的把握。

这种不确定性在英国社会学家齐格蒙特·鲍曼（Zygmunt Bauman）那里被描述为一种"流动性"。鲍曼认为，在社会实现由沉重的资本主义向轻快的资本主义转变之后，消费就是一种被诱惑的上瘾行为。消费的冲动已经由原初的需要转变为一种欲望的驱使。在这种欲望的消费中，任何的满足都是短暂的，只有欲望本身是永无止境的。这就表现为一种内在自我的流动性和扩张性。这种自我驱使的无止境的欲望，就像"领跑者以最快的速度引导赛跑者以最快的速度数圈后退出比赛，让比赛者继续以这样的速度比赛。或者像助推火箭，让宇宙飞船带到必要的速度，就被射向太空，并可以解体，让宇宙飞船继续飞行"（鲍曼，2002a）[112]。因此，在轻快的资本主义阶段，身份变得愈发具有流动性，也愈发依赖消费。"对消费品的依赖性——即对购物的依赖性——是所有个体自由的必要条件；它尤其是保持不同的自由和'获得身份的前提'。"（鲍曼，2002a）[127] 为了保持和维护这种获取自我身份的自由，每个个体都必须通过种种消费努力，试图将自己固定在某个较为稳定的身份架构之上。然而，身份的流动性本身却不断冲击着任何稳定身份的愿望。于是乎，"身份更像是火山熔岩顶部一再被固化的表层部分，在它有时间冷却和固定下来前就再度被熔化"（鲍曼，2002a）[128]。符号消费的流变性不断冲击、颠覆着个体自我认同稳定性和连续性的根基。在这样一个不断流动的符号消费时代，青少年往往沉浸于其中却难以找到一个坚实的人生基点，难免会有目眩神迷之感，进而容易产生无所依托的孤寂。

> 每当夜幕降临，霓虹灯闪闪烁烁，像无数疯狂的灵魂，周围噔噔的高跟鞋踩着今年最新的流行，真皮包，CD香水，新出的高光色唇膏，女人矫情地一路笑过。音乐声在空气里鼓荡，嘈杂震耳，声嘶力竭。广告铺天盖地，上面的东方美女和西方美男一遍遍暧昧地笑，广告词是不变的"享受生活"……
>
> 生活在这样的天空下，我，感到空虚和迷茫，我们是"90"后，我们就是沙子。我们像沙子，随风飘散。
>
> 城市和乡村争夺着郊区，东方和西方争夺着我们的思维。大浪淘沙，我们在两种文化中游移不定，不能自主。传统、历史悠久的东方和开放、历史短暂的西方，京剧与现代音乐，流行歌词与诗词

歌赋，中医和西医，琴棋书画与篮球足球，三从四德与性解放，诸子百家和找寻自我，自视清高和拜金社会……

我们生存在这样的浪潮之中，像浮萍一样，脱离了原来固定的岩石，却找不到新的归宿。如果说，丢失自己的本位文化是悲伤的，那么我们——"90"后，就可以说是不幸的一群。

资料来源：宋翔宇①. 飘洒在风中的沙子 [J]. 课堂内外：高中版, 2008 (1).

从上面这段话可以看出，商品符号价值的工业化生产特征，在很大程度上无情地消解了当代青少年的历史记忆，把他们推向了历史与现实割裂的境地，"在一个快速变化的消费世界中体验的客观世界转瞬即逝的感觉撕裂了自我的连续性和整体性的感觉"（转引自王成兵，2004）[86]。在这种碎片化的人生体验面前，符号消费扮演着重要的救世主的角色。它既可以以"怀旧"的风格与方式实现现在对过去的包容，从而将过去从逝去的遥远岁月中唤回当代，参与当代人的精神建构活动；另外，它也可以借助于对未来的幻想，以"先锋"的姿态把现在植入将来，从而实现对时间的整体化和再序列化。这样，在符号象征的层面上，个体的自我一致性获得了一种新的统一。或者说，个体的当下存在由于商品符号的介入而找到了与过去重新勾连的线索。青少年作为年轻的一代，虽然没有成人那种深厚的历史感，但他们也有着各种纯真的儿时记忆。这种记忆也在当下的符号消费浪潮中得以复活。

雷锋是当代青少年儿时的榜样，但是现在除了每年3月5日的"学雷锋日"，可能雷锋在现在大多数青少年的日常生活中并没有留下什么印记，可是一双鞋的横空出世使这种情况有了微妙的变化。

这双由李宁公司出品的"雷锋001"球鞋以当代青少年儿时的重要记忆元素——"雷锋叔叔"的造型为题材，一经问世，就引起了广大青少年的强烈兴趣，在网上也是热评如潮。

---

① 作者出生于1991年6月29日，为郑州市某中学学生。

nexttoyou85：这个要是穿出去是绝对的拉风洒～～～～～～～①

boxerthedog：如果鞋子真上市的话，我会不惜一切代价收入，将它的位置至于我所有鞋子之上，每天穿着在洋人眼前晃悠，羡慕死他们。这鞋子是一种精神，SNEAKER 文化中我们中国人自己的，自豪！

Haorumeng：好鞋啊！！！！！做自己的鞋，让大家都去买啊～～～是的～～！！！要有自己的风格！！！这就很好嘛～～！！不像其他的几个国产 PEAK、ANTA。什么都仿 NIKE。

资料来源：佚名. 玩偶青春：向雷锋学习，对李宁赞许. [2007-03-08]. http：//bbs. service. sina. com. cn/treeforum/App/view. php?bbsid＝21&subid＝0&tbid＝451&fid＝62123（"新浪体育论坛"板块"我为鞋狂"论坛）.（引用时有删节，对标点符号和错别字略有修改）

雷锋作为当代青少年儿时的英雄楷模，通过商品符号得以复活。但是，青少年对这些商品的消费，与其说是对雷锋精神的缅怀，不如说是通过雷锋这一符号实现对整个儿时纯真年代的记忆。在很大程度上，青少年对"雷锋001"系列的钟爱与雷锋精神本身无关。他们更为在乎的是这双鞋子的商业创意及其所承担的记忆索引符号的功能。实际上，青少年很少会在现实中穿着这样的鞋子。其中一个重要的原因，就在于他们对于"为人民服务"这一雷锋精神的当代价值的不自信。"不敢穿，怕对不起上面的那几个字！嘻嘻……"从青少年的这种不自信心态中，我们可以品味出当代青少年在面对传统道德经典以及儿时纯真年代的记忆时所持有的复杂心态。一方面，从自我心理情感的连续性来看，这些在当代已经不再流行的道德话语对于自我而言，仍然具有一种独特的缅怀功能，它可以唤起个体对逝去年代的记忆。另一方面，这些记忆中的道德元素在当代社会却陷入了一个尴尬的境地，表面上看，人们特别是主流意识形态仍然在不断地提倡"为人民服务"精神，但能够身体力行的人

---

① "～～～"是一种网络符号，表示满足或满意的意思。当前，网络语言中常常混合着许多符号，如"＝_＝"表示得意的思想。这已经成为年轻一代沟通和交流的重要载体。也有人把这种符号称为"火星文"。

却越来越少。于是乎，记忆与现实之间断裂了，人们只能依凭各种索引符号将过去与现实重新连接起来。

"雷锋001"系列的出现，无疑迎合了年轻一代的这种心理需要。但是，作为一种商业策略，商品符号所承担的记忆索引的功能是有限的。一旦这种索引符号失去了它对青少年的吸引力，那么，商家势必会推出新的产品去取代它，从而不可避免地在青少年中引发新一轮的消费浪潮。因此，在消费社会的背景下，没有哪样商品可以一劳永逸地成为青少年获得自我存在的连续性和历史感的唯一寄托。这就使得青少年不得不时刻谋求着占有新的商品符号以实现自我的一致性。

由此可见，符号消费一方面以其多变性不断摧毁当代人的历史感和连续性，另一方面又通过对各种商品符号的操纵扮演着自我碎片化之后救世主的角色。符号消费这种看似矛盾的作用实际上隐含着深刻的商业控制。符号消费对历史元素的当代应用，其根本目的是通过唤起消费者内心柔软、温馨的记忆去激发他们的消费欲望，从而实现利润的最大化。因此，符号消费对现代人心灵的慰藉是有限的。从根本而言，这种表面的温情背后隐藏着深刻的商业控制。正是这种商业控制造成了当代人自我的碎片化。

(2) 符号消费与青少年自我的统整性

统整性是一个健全的自我在不同场合共时性存在的重要特征，它主要表明个体在不同的情境中所展现出来的人格特质具有内在的一致性和协调性。它从空间上确保了此地的"我"与彼地的"我"不因位置的改变而丧失"我"作为一个整体人格的完整性。没有这种完整性，个体容易失去自我的整体感（feeling of wholeness）并陷入人格的分裂之中。在当前的消费社会中，青少年通过符号消费所建构的自我统整性受到了各方面的挑战。在不同的消费场合和消费空间中，青少年都会策略性地选择适宜的符号消费方式来确保身份认同的实现。实际上，青少年自我的统整性与其角色认同之间有着十分密切的关系。在很大程度上，一个人的统整性主要受到其所扮演的各种角色的影响。不同角色所包含的不同的规范、要求往往会造成一个人的角色冲突，从而带来内在的分裂感和碎片感。鉴于自我认同的统整性与角色认同之间具有很大的关联性，本研究对符号消费中青少年自我认同的统整性这一问题的具体分析,将放在"符号消费与青少年的角色认同"部分一起讨论。

2. 符号消费与青少年自我的真实性

所谓自我的真实性,主要是指个体对自我的认识与把握源于一种现实的经历和真切的体验。其成立的基本条件就在于个体与现实世界中的人和物以及各种事件之间具有一种真实的联系。这种联系可以是直接的,即与对象之间的接触不需要其他物质媒介,也可以是间接的,即个体与对象之间需要凭借其他中介才能够发生意义关联。但不管是直接还是间接,这种联系都必须是真实的。这种真实性是以对象存在的确定性为前提的。而在现代消费社会的符号消费潮流中,消费对象与消费主体的关系已经发生了某些新的变化。消费对象的确定性不再以物的有用性为基础。相反,物的符号价值变成了消费社会中主要的购物冲动。符号价值的象征性决定了人们对它的消费更多地只能是一种想象性的占有。因此,想象或幻想在连接消费品与消费者的关系中,发挥着某种重要的中介作用。这种新的消费中介在很大程度上改变了人与物之间传统的使用与被使用的关系,"白日梦"似乎正成为当下消费的重要内驱力。

英国社会学家柯林·坎贝尔(Colin Campbell)在《浪漫主义伦理与现代消费主义精神》(*Romantic Ethnic and Modern Consumerism Spirit*)一书中认为,现代消费的本质就在于追求一种自我的梦想。人们消费的核心不是在于对商品的使用价值的实际选择、购买和应用,而是对各种想象性愉悦的追求。他认为,浪漫主义与现代消费主义精神之间具有某种相似性。对于浪漫主义而言,其基本精神在于幻想优于现实。浪漫主义总是能够让人在想象或各种白日梦中,憧憬和感受着种种在现实社会中难以企及的愉悦体验。不管一个人在现实生活中经历什么,他都可以在想象中使之更合理、更快乐,这种想象的结果一旦回归现实便容易产生一种幻灭感。

现代消费主义精神与浪漫主义具有很大的相似性。这种相似性源于两者在对现实与幻想的关系上,都把幻想置于现实之上。因此,浪漫主义与现代消费主义精神之间的关系就可以表述为:"欲望—获得—使用—幻灭—新的欲望,这种循环是现代享乐主义的一般特征,同样也适用于浪漫主义的人际关系，就像适用于衣服、录音带等文化产品的消费一样。""在解释现代消费主义时，把消费主义看作是物质主义。认为当代消费者怀有无休止地获取物的欲望的思想是对驱使人们需要占有商品的机制的一种严重误解。他们的基本动机是实际经验已经在想象中欣赏过的愉快的'戏剧'的欲望，并且，每一种'新'产品都被看成是提供了一次实现这种欲望的机会。"（转引自姚建平，2006）[107-108] 因此，在消费社会中，各种消费行为，特别是符号消费，使人的消费从最初的生物驱动转向一种更具有象征性、符号性、心理想象性的消费。在这种转变中，消费活动变成了一种对自我形象以及欲望的想象性满足。青少年时期是一个一切皆有可能的梦幻季节，处于这一阶段的个体对自我的当下以及未来抱有热情的期待，以梦境的形式编织未来成了青少年一种普遍的心理状态和认识、把握世界的重要方式。当青少年这一"梦的情结"遭遇符号消费无休止的幻想性时，他们如何在这种想象与幻想的交织中把握现实，认识自我？

实际上，符号化的商品由于负载了新的意义和内涵，在很大程度上成了青少年关于自我形象的"镜像"（mirror image）。这一镜像能够使青少年掌握某种透视法（perspective），从而能够测量出自我与他人在身心方面的距离。与此同时，镜像本身也构成了青少年关于理想的、虚构的、想象的自我的投射。

> 我买这双鞋是因为我很喜欢，主要是我崇拜的一些著名球星也穿这双鞋。像皮埃罗、巴乔、贝克汉姆等，他们都是我的偶像，他们也穿这双鞋。呵呵，当我穿这双鞋在球场上踢球的时候，我觉得我就是他们。那种感觉超爽！特别是和那些从来没踢过球的人一起踢球的时候，穿这双鞋会使我很自信，甚至有时候会觉得对手都会对我忌惮三分。

（访谈对象：北京某中学男生，访谈时间：2007年7月12日上午）

根据巴尔特对符号层级结构的区分，我们可以对以上这段话进行符号学的解析，从中可以清楚地看到运动鞋如何经由偶像的演绎而转变成"我"的一种意象（见图1）。

第三层级	我穿了和偶像一样的 NIKE 牌运动鞋		我和偶像一样厉害
第二层级	偶像穿的是 NIKE 牌运动鞋	穿 NIKE 牌运动鞋就能跟偶像一样厉害	
第一层级	NIKE	名牌运动鞋	

图1 青少年运动鞋消费的符号学分析

从图1中可以看出，NIKE 在第一层级的符号意义（所指）是最明显的：名牌运动鞋。在第二层级 NIKE 的符号意义（所指）较第一层级隐蔽，变成了"穿 NIKE 牌运动鞋就能跟偶像一样厉害"，即 NIKE 不再指向"名牌运动鞋"这一最初的符号意义，而变成了球技高超的象征。而到了第三层级，NIKE 就演变成了"我"与偶像一样的代名词。因此，第一层级的符号意义构成了符号的外延意义，而第一层级以上的符号意义则是符号的内涵意义。实际上，商品的意义是通过一系列的符号转化而变成具有特定内涵的所指的。在这一转换过程中，青少年可以在商品符号所营造的意义世界中，超越现实的种种羁绊，象征性地描绘各种人生理想实现的蓝图，并在想象中体味人生的种种美好。这正是商品符号价值的根本魅力所在。对于青少年而言，某些商品的符号价值所象征和倡导的人生理念、奋斗精神等，对于其健全人格的建立具有积极的正面影响。

> 我觉得广告更重要的是它传达出的一种精神和内涵。比如安踏的"永不止步"，还有 NIKE 的"just do it"——只要去做。我最喜欢配了一首歌的安踏的广告，主题思想是让世界的不公平在你面前低头。我喜欢这种精神。如果有需要，价钱合适的话，我会考虑安踏的东西。
>
> （访谈对象：河南新乡某中学男生，访谈时间：2007年8月15日）

我觉得我要买服装，（如果）它的代言人是我偶像的话。当我受挫折的时候，它可以给我一种激励。比如贝克汉姆阿迪的广告，提倡一种没有什么不可能的精神。以前我考试失败的时候，我会拿这个鼓励自己。

(访谈对象：广西百色某中学男生，访谈时间：2007年7月20日)

不可否认，商品所包含的诸如"永不止步"、"just do it"等符号意义，就其本质而言是一种商业营销的策略，其目的是通过这种象征意义的赋予去调动消费者的消费欲望，从而实现利润的最大化。但是，就青少年的消费立场来看，他们对这些符号化商品的热衷与购买，显然不是为了迎合商业逻辑的需要，而是出于一种人生理想与自我价值实现的考量。因此，从青少年的角度来分析符号消费对于青少年自我成长的意义，一个基本的价值前提就在于，青少年对各种商品符号的喜爱和沉迷，就其出发点来讲，并不是对当前消费主义价值观的一味臣服，相反，他们更多的是看重这些商品符号对于自我的完善和进步所具有的正面价值。也就是说，青少年在这种符号消费中，更多的是感受着一种来自商品本身的魅力的洗礼和熏陶，而较少考虑商品背后所隐藏的商业意识形态的控制。

从消费动机或目的的角度看，青少年的符号消费无非是从商品符号中获取一些自我的体验和向上的动力。仅就这一点而言，似乎是无可厚非的。问题的关键在于，青少年如果没有充分认识到这些符号商品的商业本性，没有对其中所包含的商业意识形态有足够的认识，那么，他们在这些符号消费行为中所获得的个性、积极向上的力量，将不可避免地沦为消费主义意识形态操纵的对象。毕竟，商品的符号价值及其所象征的意义更多地是一种商业运作，它永远不会满足现状。为了保证营销的有效性，它会把各种人类的美好愿望附着在批量化生产的产品之中，不断地刺激人们的消费欲望。

由此可见，青少年在符号消费中所获得的自我真实感，更多的是在一种符号和心理的意义上实现的。然而，在这种符号的消费和使用过程中，他们却获得了进入另一个现实的真实感。他们以为，占有了某件商品就占有了理想的生活，也就成就了理想的自我。实际上，符号世界只不过是现实欲望的魅影折射。在消费社会中，人们的各种欲望是被大众传媒、广告以及"新的文化媒介人"大量制造出来的。这种制造的过程实际上是一种意义转移的过程，即通过"拟像"(simulation)的形式，将物品与特定文化符号相关联，使得广告所呈现的商品具有一种超真实

(hyperreal)的存在。"在这种超真实里,媒体不再是真实之镜,而是变成了这种真实,甚至比真实还真。"(宋林飞,2001)[487]这种制造的结果是超真实取代了真实的状况,将真实纳入从属地位,并最终使其消失在超真实之中。"事实上,我在'吃'一个幻想,而与我们所吃的物品没有关系。我们的消费行为根本不考虑我们自己的口味和身体。我们在喝'商标'。因为广告牌上有漂亮的青年男女在喝可口可乐的照片。我们在喝那幅照片。我们在喝'停一下,提提精神'的广告标语。"(弗洛姆,1988)[133]在这种超真实所营造的社会氛围中,青少年习惯了对世界的象征性把握,容易混淆真实世界与符号世界的区别。由此所建构的自我更多的是一种脱离了现实的镜花水月。

3. 符号消费与青少年自我的独特性

青少年自我的独特性即青少年的个性是当今青少年话语中的重要话题,并构成其日常生活的重要价值追求。对个性的偏好甚至狂热,是青少年典型的社会心理特征和行为表现。作为个性张扬的一个群体,他们不喜欢和别人一样。这种个性化偏好使得青少年在消费决策和消费行为的过程中,更为重视商品外在的符号价值,而对产品的实际使用价值等的理性判断,只是起到锦上添花的作用。这主要是因为,在消费社会中,商品的消费活动"蕴涵了个性、自我表达及风格的自我意识。一个人的身体、服饰、谈吐、闲暇时间的安排、饮食的偏好、家居、汽车、假日的选择等,都是他自己的或者说消费者的品位个性与风格的认知指标"(费瑟斯通,2000)[121]。里斯曼在谈到消费社会时也说道:"今天最需要的,既不是机器,也不是财富,更不是作品,而是一种个性。"(转引自姚建平,2006)[111]当青少年对个性的偏好遭遇消费社会对个性的极力渲染与倡导时,一种新的消费个性便油然而生。2000年,新生代市场监测机构对北京、上海等15个城市18 000名中学生进行的消费情况调查发现,七成以上的中学生表示他们喜欢拥有独特风格的产品,这说明青少年在追求时尚的同时更为看重品位的选择,与众不同是他们所喜欢的气质。(新生代检测机构,2000)

> 我更忠实于自己的感觉,想传达一种简约的风格。我希望别人

可以认同,并且希望有不同的风格。希望让别人觉得自己是一个有品位有内涵的人。

(访谈对象:安徽安庆某中学女生,访谈时间:2007年8月1日)

更趋向于买一些别人感觉比较搞笑和比较搞怪的东西。因为我的性格就是比较搞笑和搞怪这种。偏向无厘头那种。我最喜欢的是买过一个骷髅头,一拉还会说吓人的话。

(访谈对象:河南新乡某中学男生,访谈时间:2007年8月14日)

青少年通过符号消费来谋求个性的重要手段,就是在商品消费过程中对"拼贴"策略的使用。霍克斯(Hawkes)认为,所谓拼贴就是用一种与我们日常生活中不同的逻辑,将丰富的物质世界的细节琐事详尽地加以整理、分类,并将之安排到结构之中,使得这些结构能够与自然秩序和社会秩序相类似并相呼应,从而能令人满意地"解释"世界,同时也使其能够生存。克拉克从话语的角度,强调任意拼贴者(bricoleur)通过对人们习以为常的各种话语元素的重新排列组合,将各种表意物品重新置于这一新的话语结构中,从而形成了关于该物品的新的话语形式和意义。简言之,拼贴就是对商品的一种创造性的任意组合,从而使其具有新的意义和象征。青少年正是利用拼贴这一策略,将一系列商品重新组合,赋予了它们新的象征意义,从而达到自我个性的建构和表达的目的。当今青少年身上各种"惹眼"的衣着和装饰,无疑成为他们操练这一策略最为熟练的道具。

衣着在个体的社会生活和人际交往中发挥着十分重要的作用。"服装呈现了身体从而使得可以将人体当作文化来看待,服装以一种意义形式将身体的文化意义明确表达出来……着装是形成主体性的一个必要条件……在表达身体的同时也明确地表达着精神。"(威尔逊,2003)[289]对于每个个体而言,其皮肤构成了个体生命与外界接触的第一层外围,是一个人的肉体所占据的实际空间的有形界限。在这个意义上,人的皮肤所占有的空间就构成了个体生命活动的"第一空间"。而衣着的重要性就在于它构成了个体生命活动的"第一人造空间",是皮肤之外人体活动的最重要的外围标志,从而成为人的生命活动所必需的最低限度的空间占有标

志。(高宣扬，2006)[111]

青少年在服饰上总是容易给人一种"奇装异服"的感觉。这种效果的营造，在很大程度上归功于拼贴策略的使用。"青少年一心想找到自己的个人风格。他可能给人留下一个胡乱穿衣的印象，实际上却是严格按照一定的规则来的。为了显得独特，'无法归类'，他常常把各种风格混为一体。有诸多方式来表现与众不同（如在身体上打孔）。有时是张扬的，从头到脚'全身符号'，表现的是'滑稽'。有时是隐性的，打扮方式不为人知或很少人用的。"(费兹，2005)[78]因此，青少年在服饰搭配上，总是喜欢或多或少地根据自己的个性特征赋予各种商品新的内涵和意义。例如，一些青少年在服饰尺寸的选择上，刻意挑战社会对所谓合宜的衣服大小的规定，故意以一种夸张、超大的尺寸代替人们日常所认可的标准尺寸，以此来显示自己不羁的人格特质和追求自由、放松的生活态度。本研究在调查中发现，一些中学生喜欢用各种彩钉在自己的书包、裤子、衣帽上绣出自己喜爱明星的名字，以此表明自己对该明星的喜爱以及凸显自己独特的审美趣味。

在这种自我个性的营造过程中，符号化的商品无疑是构成青少年自我认同的重要材料。从语意差异体系的角度看，青少年通过各种符号化商品所实现的个性化，就其本质而言是一种自我的差异化。也就是说，只有通过显示自我与他人的不同，自我的意义和价值才得以彰显。因此，要寻找、发现自己的个性和意义，最根本的条件就是差异。在消费社会中，人们寻求差异最主要、最直接和最有效的方式就是消费。因此，消费物品的个性化成为个体之间谋求差异，建构身份的重要标志。而这种差异主要是建立在一种边缘性的符号差异的基础之上。在消费社会中，人们所购买、使用的各种商品，都是建立在自我的选择基础之上的。青少年所选择的大多数商品，往往被其认定为该类商品中的"模范"，是独一无二的。任何商品也都会通过种种努力而标榜自己的与众不同，从而构成与其同类产品的各种差异，如颜色、配件以及其他细节方面的处理等。经过这种改造，商品满足了人们对"模范"产品的需求心理。实际上，这种差异仅仅是一些与本质无多大关系的技术设计。在某些情况下，越是追求商品满足个性化的功能，就越会伤害到本质的实现。如过于紧身的衣服并不利于正处于青春发育成长期的青少年。

通过商品符号价值的边缘性差异所谋求的个性，是现代消费社会中的"自我实现"哲学在日常生活中的反映。个性化的消费行为中所蕴涵的价值前提就是：每个人都有一种成为自我主体的内在要求，这种内在要求在消费社会中迫切需要在消费客体或对象上外化，以此达到自我成就的目的。对此，波德里亚曾有过一段精彩的论述。"找到自己的个性并肯定它，这便是发现了真正成为自己的乐趣。通常这并不费力。我曾长久地寻找，后来我发现将一小撮头发染成明亮的色调就足以和我的额头和眼睛一起创造一种完美的和谐……用了如此自然的丽思达金黄色，我并没有改变：我比任何时候都更像我自己。"（波德里亚，2001）[80]借用这段话来反观当前青少年中的一些消费现象，我们并不会感到惊奇。一些青少年将自己的头发染成金色也好，红色也罢，从本质而言，它们都没有改变一个人的最原初和根本的发质属性。他们的这种消费所构成的自我个性只能是一种边缘性的差异。

虽然青少年在符号消费中所实现的个性就其本质而言，更多的是一种商业社会中的"伪个性"。但是，在某种意义上，个性在青少年符号消费中的彰显本身就具有一定的进步意义。因为个性的张扬总是与人的解放紧密联系在一起的，它也在一定程度上反映了当代青少年在社会文化生活中的主动地位。"没有个性、差异的认同势必没有深刻的内容。这些恰恰也是文化权的内容，即个性、差异往往是文化或文化权背景决定的。"（张云鹏，2007）[34]在高度一体化的集权社会中，个性是很难获得其展示空间的。因此，仅就这一点而言，个性在青少年符号消费中的凸显，恰恰反映了社会的进步与青少年自我独立的价值诉求的文化意义。

（二）符号消费与青少年的角色认同

在社会学中，角色主要是指"与人们在社会关系体系中所处的地位相一致、与社会对占据该地位的人的行为期望相符合的一套行为模式"（韩明谟，1999）[72]。关于角色成立的条件主要有两种对立的看法。一种看法认为，角色主要是外在于个体的社会规定性，强调的是社会期待对角色的决定性。另一种看法则认为，角色的内容、意义主要取决于角色承担者本人的主观意愿。实际上，角色的建立是社会与个体互动的结果。它既包含社会的外在规定性的一面，也包含个体内在的解释、认可等主观要素。因此，从某种意义上说，角色是介于个人和社会之间的中介，或者说，角色是个人性格和社会结构的重要结合点。(参见陈映芳，2002)[147] 从这一角度出发，所谓角色认同，不仅仅是一种对社会期待以及各种外在规定性的简单、单向的认可和接受，而且还包含着认同主体对角色本身的理解和解释。对于青少年而言，最为重要的两种角色无疑是"孩子"和"学生"。前者主要是青少年在家庭中扮演的角色，而后者主要是青少年在学校中的身份。社会也往往依据青少年的这两种角色对其进行各种评价。

在不同的历史时期，青少年对自我的角色认识都明显具有该时期的社会文化特点。那么，在当前符号消费的生活方式中，青少年对自我角色的认同又具有怎样的特点呢？本研究将主要探讨在符号消费的社会背景和具体实践中，青少年在"孩子"和"学生"这两种角色认同方面所呈现的特征。

1. 符号消费与作为"孩子"的青少年

在探讨符号消费与作为"孩子"的青少年的关系之前，有必要对"孩子"的概念作一说明。在一般意义上，"孩子"这一概念主要有两个意思(陈映芳，2002)[136]：作为社会类别的孩子与作为社会角色的孩子。作为社会类别的孩子主要是指处于人生某个年龄阶段的特定个人和群体。广义的孩子可以指所有未成年人，而狭义的孩子则主要指婴幼儿和少年儿童。作为社会角色的孩子则主要指在家庭关系、亲子关系中具有某种身份和地位，以及承担与这些身份和地位相适应的一系列权利、义务与行为模式的人。作为这种角色的承担者，孩子并不局限于某个年龄阶段，但少年儿童和年轻人无疑是这一角色的主要承担者。本研究所要探讨的就是符号消费与作为社会角色的"孩子"之间的关系。

在中国的文化语境中，一个"好孩子"的基本标准是：能够在言行举止等方面表现得符合家庭或父母对角色的期待。这种期待大致包括德行和使命两大方面。在德行方面，主要是以"孝"为核心的人伦价值。在使命方面，则主要表现为一种肩负家庭向上流动的责任和义务。这种角色期待的结合，便构成青少年承担"孩子"角色的基本要素。具体而言，一个好孩子就是一个顺从父母意愿，为父母、家庭争光的人。在这种"好孩子"的角色期待中,青少年自身人格发展的全面性并未得到充分的重视。在某种程度上,当代所谓的"好孩子"更多的是一种基于角色方面的要求,而并非青少年社会化的全部内容。实际上,青少年的角色化仅仅是其社会化中的一部分而非全部。① 现在家庭教育中的一个突出问题,就是单方面强调青少年在扮演"好孩子"这一角色方面所应具备的各种条件,而在很大程度上却忽视了青少年在人格、心理等方面的完善,呈现出以角色化取代社会化的趋向。这种"好孩子"的角色期待反映在消费问题上,主要体现在青少年对各种与"好孩子"期待相一致的消费方式的态度和行为上。在这一问题上,大致表现出两种对立的符号消费方式。一种是与"好孩子"角色的消费期待相一致的消费方式;另一种则是对这种角色化消费方式的背离和抵制。

(1)"好孩子"型的符号消费

具有这种符号消费特征的青少年,在消费某种东西时,更为看重该物品所体现的价值取向和审美特点等方面是否符合家庭、父母的期待。具体而言,认同"好孩子"角色的青少年在服饰、休闲、娱乐等方面的消费,基本上以父母的期待为主要参考准则。在这种消费方式中,物品所具有的符号意义,主要是为了表明和印证青少年自己对"好孩子"角色的认同。在他们看来,认同这种角色可以避免来自家庭乃至社会的"污名",从而获得一种内在的自我安全感。因此,从本质而言,"好孩子"型的符号消费更多的是一种在继承性认同框架内进行的消费与认同活动。

> 我无所谓,从小到大,我都是父母包办。买回来除非特别不喜欢的,其他基本照单全收。
>
> 我小时候特别喜欢活泼可爱的衣服,衣服上带有卡通人物那种。现在我妈包办。特别是运动类的,我妈特别尊重我的意见。平常的东西我妈妈基本上代买了,对我来说特别重要的东西我基本上是和

---

① 社会化和角色化是两个既有联系又有区别的概念。社会化一般指个人从自然人到社会人的过程,主要包括文化的内化、人格的完善以及角色的学习等。它突出强调的是一个人进入社会所必需的各种条件,特别是个人心理以及人格等方面的条件。而角色化只是社会化中的一个内容,它主要强调的是个体对社会期待以及各种社会制度规定的承担。

妈妈一起去买。

（访谈对象：河南新乡某中学男生，访谈时间：2007年8月15日）

（2）背离"好孩子"角色的符号消费

谋求"好孩子"型的符号消费固然可以避免各种"污名"对自我的损害，获得一种家庭庇护之下的安全感。但是，这种消费所具有的符号意义远远不止于"保护"这一内涵。在某种程度上，家庭或父母对传统"好孩子"角色形象的强调，对于青少年而言还具有一种被约束、被占有以及被工具化的意涵。"好孩子"角色的这种约束和占有意涵一旦过度膨胀，便十分容易引起青少年的不满、愤懑乃至抵制和反抗。就像消费可以构成青少年认同"好孩子"角色的重要素材和外在表现一样，它也可以构成青少年背离和抵制"好孩子"角色的重要道具和途径。

首先，消费方式的差异可以构成"好孩子"与非"好孩子"明显的外在区分。具有"好孩子"身份特征的青少年，他们的外在形象（服饰、发型等）与消费行为（消费的环境、地点等）都是父母认可或期待的。而非"好孩子"型的青少年，他们的个人形象在家庭或父母看来往往显得不伦不类。而他们消费的场所，如迪厅、酒吧等，则进一步使之与那些经常出入书店的"好孩子"明显区别开来。

其次，青少年对各种商品符号的购买、搭配和使用，可以成为其与家庭、父母对话的重要语言。在这种对话中，对话双方所持有的话语资源是不一样的。对于青少年而言，自我、个性、时尚是其消费话语的基本价值取向。而对于父母而言，听话、规矩、朴素、实用则是其消费话语的主要原则。由于独生子女政策等因素，当代青少年在家庭中的地位不断提高，其在家庭中的消费决策权也不断增强。在这种情况下，青少年消费话语的自主性和主动性得到进一步的强化。消费也越来越成为青少年标榜自我，向往自由的手段。这就为青少年在消费问题上突破"好孩子"角色的限制提供了较为宽松的外在空间。

> 父母喜欢的我一般不喜欢，比如颜色款式什么的。所以他们给我买衣服之前我要交代清楚，实在不行还得去换。我妈买东西爱搞价。我看上就直接买了。

（访谈对象：河南新乡某中学男生，访谈时间：2007年8月14日）

消费观念不太一样，怎么说呢。我家长更趋向于质量和品牌。我更需要样式。他们经常不认同我，但是还比较尊重我。

（访谈对象：北京某中学男生，访谈时间：2007年7月2日）

和父母有差别，特别是消费观念上。我比较超前，家长总是讲究储蓄。

（访谈对象：广西百色某中学男生，访谈时间：2007年7月20日）

实际上，父母与孩子之间由于成长经历以及消费价值观的差异，在对待消费问题上存在着不同程度的差异。大体而言，父辈大多倾向于从商品使用价值、交换价值的角度来考量消费的合理性和必要性，而年轻一代则更多地从商品的符号价值、象征意义的满足方面来对其消费行为进行规划。

访问者：你和你父母两代人消费有什么区别？
被访者：父母注重价格，我们比较注重个性，跟不跟得上流行。
访问者：你觉得你和父母的消费有什么差别？
被访者：父母消费，以便宜、实用为主，而我们一般注重享用，便宜就不怎么考虑了。父母他们也不会去追求一个品牌。

（访谈对象：安徽安庆某中学两名高中生，访谈时间：2007年8月2日）

由此可见，父母与孩子之间在消费方面的不同，表面上看是一种消费选择方式的差异，但其深层次的差异则在于两代人在消费价值观乃至人生观等方面的不同。

2. 符号消费与作为"学生"的青少年

学生是青少年在学校中扮演的最基本的角色。由于青少年一天中有相当多的时间是在学校度过的，因此，学生身份对于青少年而言具有十分重要的意义。这种重要性不仅仅体现在学校对学生身份的种种规定上，也反映在社会对学生身份的各种期待和要求上。如果说孩子身份主要反映了一种家庭内部的亲子关系,那么,学生身份已经具有了明显的社会性,体现了更多的社会责任与义务,是青少年由家庭步入社会的第一种身份。在当前符号消费与学生角色的关系上,突出的一点就是学校对学生形象的种种外在规定和要求。这种外在规定和要求的存在,一方面规范、约束了青少年的各种消费,另一方面也在一定程度上造成了青少年和学生角色的某种冲突。这种冲突表面上反映为对一些诸如服饰和发型等具体、日常事务的不同意见,其背后则涉及不同人生观、审美观等方面的对立。对于学生而言,校服无疑是其角色身份的重要标志。因此,以下对于符号消费与青少年"学生"角色之关系的分析,主要是以校服为基本分析对象。

校服作为一种学生角色形象的外化,一方面体现着学生角色的基本特征,另一方面也包含着社会特别是学校对学生角色的外在规定和约束。对于这一具有明显角色身份符号性质的商品,大多数学生却并不认同成人社会赋予其的象征意义。在某中学生论坛关于校服问题的一次讨论中,青少年学生们大多对代表成人和学校规训的校服持一种反对的态度。

> 梦中的安琪儿:不赞成!但,没办法。
> catherine356:我觉得穿自己的衣服好些,可以显出自己的风格!又青春又靓丽!我从来都不穿校服。
> sss1992:我不需要每天穿!
> 晴空 Jay:不得不……
> 爱佛黛特:我不喜欢穿校服,感觉就像工作服。
> 美丽的芙蓉:我非常讨厌穿校服的!校服丑死了!我喜欢日本的校服,还好我们只是星期一穿的!
> 小萝卜丝:我一点都不喜欢。
> 柳含:校服是一种体现学生精神面貌的衣服,但现在的校服实在恼人,质量式样都不尽如人意,我还是赞成穿自己的衣服,这样能使我们个性飞扬嘛!
> 无暇梦境:校服有什么好穿的?我从来不穿校服,也没人管。

资料来源：佐佐本景①．学生上学需不需要穿校服？[2003-10-20]．http：//www.ccppg.com.cn/youle/duihua/2003-10-20/5581.html．（引用时有删节，对标点符号和错别字略有修改）

在无法反抗穿校服这一规则的情况下，青少年对校服的解读，赋予了其特殊的文化和抵抗色彩。一是对校服的炫耀性喜爱。这主要表现在那些重点学校的学生身上。因为，能够上重点学校本身就是一种值得炫耀的资本。而校服无疑成为表明自己是重点学校学生的重要标志。如论坛中有的学生在谈到校服时说道：

薇儿：当然不赞成啦！不过俺们学校是重点，穿上校服很骄傲的哦。

阳光下的紫丁香：偶②学校的很多同学星期六和星期日都愿意穿校服，因为偶学校很多人想上也上不了哦……

资料来源：佐佐本景③．学生上学需不需要穿校服？ [2003-10-20]．http：//www.ccppg.com.cn/youle/duihua/2003-10-20/5581.html．

除了校服本身所包含的学校声望带给自我的优越感之外，青少年学生对校服的另一主要解读方式就是涂鸦。即根据自己的喜好，在校服的显著位置上画自己喜欢的图案或动漫人物，以此来增加校服的美感和显得与众不同。

有一些会把自己偶像的名字写到校服后面，水彩笔。有写周笔畅的，也有写周杰伦的。还有拿绘画颜料画一些小图画。这个东西从他们的角度上说，更想在别人面前展现自己，和时尚有关。更酷一点，更与众不同。

（访谈对象：河南新乡某中学女生，访谈时间：2007年8月14日）

①③ 该网络话题的作者。
② "偶"最初是台湾口语中"我"的意思。这种用法在网络上得到了普遍应用，尤其是年轻一代，在网络交流时常常用"偶"来代替"我"。

青少年学生试图通过对校服穿着方式的某种改造,如故意在衣裤上开几个洞,把裤脚挽得很高或将裤脚改窄等,来达到改变自我形象的目的。另外,一种更为普遍且风险较小的做法就是在校服里面套上自己喜爱的服饰,一到教室里就把校服脱了,从而达到展示自我的目的。

所以很多学生由于校服不能满足他们穿衣服的要求,就只能在商店里寻觅了。我的一些同学绝对是跟校服斗争到底的那类人!他们在校服里面穿自己的衣服,一到教室就把校服脱掉,活脱脱"百变金刚"、"千变女郎",看得我们一愣一愣的。

资料来源:佚名. 我的校服我做主 [2005-09-26]. http://www.ewen.cc/music/bkview.asp?bkid=50870&cid=99299.

对日韩校服的羡慕在青少年学生中比比皆是。校服除了标志学生身份之外,在当前娱乐化的消费盛宴中,经由各种偶像的演绎,被赋予了新的、时尚的元素,成为青少年追捧的另一道亮丽风景。在众多偶像剧中,校服成了一种"戏服",一种代表青春、纯洁、健康、含蓄的符号。这种时尚化的校服与中国目前以运动服为主的传统校服相比,不仅在样式上更能吸引众多青少年学生的眼球,而且也构成了他们对校服的另一种情结,即对校服时装化的渴望。

菠萝包:不过嘴上说如此即可,看着那些别的国家的好看校服,依然心里痒痒的。日本的就不用说了,迪美有一家专卖日本校服的小店,简单的白衬衫、漂亮的领结、海蓝色的水手衫。新加坡的校服每个学校都各不相同。最令我心动的还是墨尔本的女生校服,因为天气的关系,一年四季女生都穿裙子。夏天是连衣裙,冬天上面是一色的毛衣,里面要穿白衬衫,下面是墨绿的格子裙。至少让人每天穿得非常舒服,起床也会早点啊,说不定上学也会更来劲呢。

燕子:现在外面有卖那种日本式的校服,电视里面也放过的,像《蛋糕上的草莓SOS》里海军服式样的,下面是格子的短裙,再配上长筒白袜,很好看的哦!我觉得广末凉子很适合扮演这种日本的中学女生,蛮清纯!

再者,如《冬季恋歌》里面,惟珍、俊尚、相赫,他们中学时代的校服也很不错的!最起码我很喜欢啦,HOHO,衣服是双排扣的,颜色也很整齐,也不花哨,体现他们那种地方风情和气质,给人很温暖很安静的感觉。

资料来源:佚名. 我的校服我做主 [2005-09-26]. http://www.ewen.cc/music/bkview.asp? bkid = 50870&cid = 99299.

不可否认,并不是所有的青少年学生都对校服持一种反对或抵抗的态度。在不同的学校里,都或多或少有一些人赞同学校关于学生穿校服的规定。这部分学生中,除了上面提到的那些把校服当作一种可资炫耀的资本的人外,大多来自社会阶层不高的家庭。对于这些青少年学生而言,校服的存在,的确可以缓解他们在学校中来自衣着方面的压力。在这些学生眼里,校服的含义并不仅仅是一种学生身份的象征,它还兼具另外一项重要的功能——保护。正是由于学校有穿校服的规定,那些家境不好的学生可以堂而皇之地通过校服来掩盖其内心的窘迫,避免与其他学生在穿衣打扮方面的过度竞争,从而在一定程度上维护自我的尊严。在这种情况下,社会或学校赋予校服的原初含义在某种意义上也被修正和改写了,变成了另一种符号,一种可以暂时抹去和掩盖家庭背景的符号。

从以上分析可以看出,每个人都是一组角色的集合体,在不同的场合、不同的情境中会扮演不同的角色。在某些情况下,一个人所扮演的各种角色之间会发生冲突,从而带来自我的焦虑。这种角色间的冲突更多地是由不同角色所要求的准则、规范的差异造成的。对于青少年而言,这种角色的冲突,更多地反映在其作为学生、孩子以及自我等不同角色的不同要求上。例如,学校对学生的穿衣打扮等方面有一套自己的规定,而家长对孩子的要求大多以学校的规定为基础,因此两者有较大的一致性。问题的症结在于,来自学校、家庭方面的要求与青少年对自我的认识之间往往存在不一致,这种不一致随着青少年自我意识的不断高涨而逐渐激化,从而带来青少年的角色冲突。对这种角色冲突的分析,可以借助默顿关于文化目标与制度手段关系的分析框架。

美国社会学家默顿(Robert K. Merton)认为,各种社会问题产生的根本原因就在于文化认同的目标与达成该目标所许可的手段之间的脱节，即"文化目的与文化手段"不一致。他认为，每一个社会都规定了从文化上来说合法的目标，如在经济上取得成功。同时，也明确指出了实现这些目标的合法手段，如上学读书、努力工作。但是，在社会迅速变化和不平等广泛存在的情况下，某些群体可能很少或没有机会通过合法的途径去实现这些目标。在这种情况下，人们就会采取各种有利于自己的方式去实现其文化目标。在他看来，人们的反应有顺从、创新、仪式主义、退缩、反叛五种类型[1]。如表1所示。

表1　默顿关于个人对文化目标的适应类型

适应类型	文化目标	合法手段
顺从	＋	＋
创新	＋	－
仪式主义	－	＋
退缩	－	－
反叛	－ ＋	－ ＋

注："＋"代表接受，"－"代表拒绝。

根据默顿的这一分析框架，结合青少年对校服的态度及表现，我们可以对青少年在不同场合中的符号消费所衍生的角色冲突以及青少年的相应反应，作一类型划分，从中可以对青少年的角色认同有一个较为全面、细致的了解。在青少年的符号消费中，较为突出的反应类型大致有以下几种。

（1）顺从型符号消费：青少年采取与学校、家庭的期待和要求相一致的消费方式。这种消费类型下的青少年角色认同，建立在对外在规范

---

[1] 顺从是指接受社会的目标并以合法的手段达成它，如通过努力工作去获得经济成功，多数人属于这种类型。创新是指接受社会的目标，但是为达成目标，采取了各种手段，而不管这些手段是否合法。仪式主义指墨守成规，持这种态度的人严格遵从社会的规则，但是却看不到这些规则背后的价值观。退缩指个人同时拒绝合法的目标和合法的手段，完全放弃了竞争，在某种意义上"脱离"社会，如流浪者。反叛，指造反，反叛者会创造新的目标和新的手段来取代旧的，并认为重建新的目标更具合法性，如激进的改革者和革命者。参见：尼尔史美舍. 社会学 [M]. 台北：桂冠图书股份有限公司，1996：130.

的认可的基础之上。在这种消费类型下，青少年可以有效地避免来自各方面的角色冲突，从而实现自我的统整性。因此，这类青少年在消费中注重的是被社会所认可的各种与学生、孩子身份相一致的符号商品。

（2）创新型符号消费：青少年认同家庭、学校等对自己的角色要求，但是，在具体承担这一角色的过程中，会通过自己的理解来扮演这一角色。也就是说，创新型符号消费的青少年无意挑战社会赋予他们的角色要求，只是希望能够以自己的方式去达成这些角色要求。因此，这部分青少年在符号消费方面敢于突破社会对其形象的传统、刻板印象，并试图通过对一些看似不合时宜的商品的消费去塑造新的、更富有活力的形象。那些喜欢在校服上涂鸦的青少年，可以看作是这一角色认同方式的具体表现之一。

（3）仪式主义型符号消费：青少年虽然在内心并不认可社会对其角色的制度性规定，但为了避免来自社会的压力而表现出一种符合社会要求的行为方式。通俗地讲，这实际上是一种阳奉阴违的消费类型。也就是说，这种消费类型的青少年并不认可学校、家庭等对其消费方式与消费内容的规定，更不会认可这种规定背后的价值观念和审美品位。一旦他们脱离成人社会的视线，这种外在于青少年的消费符号便容易成为其戏谑甚至诅咒的对象。在相当一部分青少年对校服的态度中我们可以明显感受到这种情况。

（4）退缩型符号消费：青少年既不认可社会为其所划定的消费边界和消费的价值、审美取向，也不采取社会期待的消费方式去迎合学校、家庭的需求。他们的消费更多的是一种我行我素的消费方式，一切以自我的快乐为中心，或者说代表了一种自我封闭的符号。

（5）反抗型符号消费：青少年创造出一套与学校、家庭相对立的价值观念和审美趣味，并通过自己独特的消费方式去实现自己对这种价值观念和审美趣味的认同。具有这种消费方式的青少年喜欢突破社会所规定的各种消费边界，谋求一种独立于成人社会的自我。

从上面这五种反应类型的青少年符号消费可以看出，青少年的角色认同在不同类型的符号消费中表现出的形态是不一样的。就顺应型符号消费而言，青少年的角色认同由于得到制度性的支持而表现得较为安全、一致，不会产生自我的分裂感。

就创新型符号消费而言,青少年主要挑战的不是社会价值观念,而是试图寻找达成成人社会期望的另一种可能的方式。因此,在这种消费状态中,青少年的角色认同虽然也会由于社会和自我之间的冲突而产生某种焦虑感和分裂感,但是,这种自我的分裂更多的是一种技术或方法层面的对立,并没有动摇青少年对核心价值的认同。因此,这种分裂对青少年的自我统整性所产生的破坏力,就其程度而言是比较低的。

就仪式主义型符号消费而言,青少年的角色认同所受到的破坏,往往大于创新型符号消费。由于仪式主义从根本上否定了社会所认可和规定的价值观念,因此,具有这种消费倾向的青少年与社会之间的决裂是深层次的。他们的各种阳奉阴违的消费行为背后,隐含的是对社会主导价值的不满。

就退缩型符号消费而言,由于青少年在消费方式方面的自我封闭性,既不愿认可社会所规定的主导价值,也不会像仪式主义者那样通过貌似合宜的消费方式来满足社会的期待,因此,其自我统整性应该说是比较高的。但是,这种较高的自我统整性,并不像顺从型符号消费的青少年那样由于得到制度性的支持而表现出较为安全的特征。从根本而言,退缩型符号消费所反映的角色认同是一种封闭的完整性,容易受到来自各方面的批评与指责。

就反抗型符号消费而言,青少年虽然会因为其在消费目标、内容、方式等方面的标新立异而容易招致社会各方面的非议和反对,但由于其对某一消费风格的执著,他们的角色认同往往不会或很少受到其他意见的影响而动摇、分裂。在某种程度上,正是因为对某一消费符号的执著,这部分青少年可以抛开所有的不同意见而显示出更稳定、一致的自我统整性。

二、符号消费与青少年社会认同

青少年社会认同的主要目的是获得一种集体归属感,其现实表征就是对某一共同体形象的认同。而群体形象认同的核心则在于对该群体集体意识的认同。社会学家埃米尔·涂尔干(Emile Durkheim,又译迪尔凯姆、杜尔克姆)认为:"社会成员平均具有的信仰和情感的总和,构成了他们自身明确的生活体现,我们可以称之为集体意识或共同意识。"(涂尔干，2000)⁴⁴集体意识对于集体的形成和维护具有十分重要的作用：一方面，集体意识源于集体成员对该集体身份的认同；另一方面，集体意识的形成又会对集体成员具有约束和规范作用，使其在集体意识所允许的范围内行动。这样，集体意识就成了社会认同的核心。在当前消费社会的生活景观中，符号消费在很大程度上正发挥着一种集体意识的功能，对个体的社会认同发挥着十分重要的作用。

从更为广泛的意义上讲，符号消费得以成立的一个重要原因就在于其象征意义的社会建立和确认。对这种商品象征意义的渴望和追求，源于个体作为一个社会存在本身是一种社会关系的总和。"个体并非生来就是一个具有各种属性的自足的实体，他（她）只是借助这些属性同其他的事物发生表面上的相互作用，而这些事物并不影响他（她）的本质。相反，个体与其躯体的关系、他（她）与较广阔的自然环境的关系、与其家庭的关系、与文化的关系等等，都是个人身份的构成性的东西。"（格里芬，2002)⁵ 因此，对这种意义的认可和解读的一个重要目的，就是为了融入这种符号象征意义所体现的社会关系结构之中。在符号消费中，物的消费实际上承载着人与人关系的消费。"流通、购买、销售、对作了区分的物品/符号的占有，这些构成了我们今天的语言、我们的编码，整个社会都依靠它来沟通交谈。这便是消费的结构，个体的需求及享受与其语言比较起来只能算是言语效果。"（波德里亚，2000)⁷¹由此可见，符号消费在很大程度上已经构成了人与人之间社会交往的重要语言，并成为社会人群得以区分的重要标志。这就使得符号消费获得了一种集体意识的功能，深刻地影响着人们的社会认同。

符号消费作为一种新的集体意识，对青少年的社会认同而言意义重大。各种各样层出不穷、花样繁多的符号，已经构成了青少年群体相互沟通、彼此辨认的重要依据。在某种意义上，我们甚至可以说当代青少年本身就是一种符号化的存在。人们也正是通过青少年所使用的各种符号来认识其精神风貌，定位其社会地位，以及调整和确认对青少年的态度等。因此，从符号消费的角度来考察青少年的社会认同，重点就是分析青少年的符号消费在不同群体中所具有的特殊意义，以及这种意义如何影响青少年对社会的认同。

对于青少年而言，与其密切相关的集体无疑是同辈群体。已有的众多研究已经表明,青少年的诸多行为深受同辈群体的生活方式、价值取向等的影响。在符号消费这一问题上也不例外。另外,从社会宏观结构层面看,一个人的阶层属性和民族国家属性对于其社会认同也具有十分重要的影响。具体到青少年符号消费这一问题上,青少年消费何种商品,对于其自我阶层和民族国家形象的认同有着重要意义。基于此,本章接下来主要从同辈群体、社会阶层以及民族(国家)这三个层面,由近及远地分析青少年符号消费的社会认同意义及可能存在的问题。与青少年在个体认同层面主要强调自我的独特性不同,青少年在社会层面上的认同,主要是为了追求一种群体归属,即强调自己与某个社会群体具有相似性从而获得一种社会身份。

(一) 符号消费与青少年同辈群体认同

同辈群体(peer group)是指由年龄大体相同的人组成的关系密切的群体。青少年同辈群体大多是自发形成的,成员间的关系没有明确的规定,并且带有明显的情感色彩,是以个人的喜好、兴趣为基础而建立起来的松散群体。因此,青少年同辈群体大多属于一种非正式组织。在青少年社会化的过程中,随着年龄的增长,同辈群体的作用变得越来越大,日益超过家庭的影响。"个体经验到他的自我本身,并非直接地经验,而是间接地经验,是从同一社会群体其他个体成员的特定观点,或从他所属的整个社会群体的一般观点来看待他的自我的。"(米德,1992)[123]对于青少年而言,同辈群体首先意味着一种归属的需要,这是青少年认可并参与某种群体的原初动机。获得某一同辈群体的身份意味着:第一,保持个体与群体内部其他成员的相似性;第二,体现个体与其他不同群体成员的差异性。这实际上意味着群体对个体的价值观念、言行举止等方面具有某种约束性和导向性。

每一个青少年同辈群体都有着该群体特定的价值观念、审美品位以及行为方式,这构成了群体得以确立的基本前提。而青少年对某一群体的认同,主要是建立在不同群体间的差异的基础之上。这种差异一方面构成群体间得以辨别的基本边界,另一方面也构成了青少年认同某一群体的主要依据。建立在某种价值观念和审美趣味之上的消费方式,无疑是青少年同辈群体间得以区别的重要标志。在符号消费时代，青少年的同辈群体认同必然呈现出某种新的特质。在这里，本研究重点探讨的问题是：①符号消费如何构成不同群体间相互区别的外在标志？②青少年如何在符号消费中谋求与同一群体内其他成员之间的相似性，并满足该群体特定的价值观念和审美品位？③青少年通过符号消费来实现群体认同的过程所产生的心理及价值观念的变化是什么？

首先来分析第一个问题。诚如上文所述，一个群体得以成立的基本前提在于其具有独特的价值观念和审美品位。这些观念、品位的非实体性存在使得人们难以辨识，而必须借助一定的物质形态或某种仪式才能够为群体成员所认识和把握，这也是群体间得以相互区分的重要条件。在当前的消费社会中，各种符号化的商品及其消费方式，在很大程度上承载着特定群体的价值观念和审美品位，在实际上起着群体区分的功能。因此，某一物品或某一符号要想成为某一群体的标志，它必须与该群体特定的价值取向以及审美趣味等精神内核相一致。在某种情况下，某一群体恰恰是因为该群体的成员在消费风格、消费内容上的一致性而得以建立的。例如，某一群体的成员都是某一品牌商品的爱好者和拥有者，该群体正是建立在成员间对这一商品的各种讨论的基础之上。对于该群体成员而言，拥有同类物品已经成为他们作为该群体一员的重要标志。

> 访问者：你的同学有没有因为共同喜欢什么品牌，或者某个偶像代言的品牌，或者喜欢某类商品，然后走到了一起，组成一个小团体？
>
> 被访者：有，一般都是私底下的。
>
> 访问者：有什么表现？
>
> 被访者：他们一般都在一起，一起吃饭，一起聊天。反正穿衣差不多的都走到一起，一般口头上不说出来。
>
> （访谈对象：安徽安庆某中学男生，访谈时间：2007年8月5日）
>
> 有时候我们去打三三①，要跟不认识的人分队，既然互相不认

---

① "三三"指三对三篮球赛。

识,那就穿 NIKE 一队,穿 REEBOK 的或是穿 ADIDAS 的一队,多方便啊!

……

我们篮球社的大家都喜欢 NIKE,每次聚在一起简直就像是 NIKE 的专属球队似的。我们里面有个叫 Allen 的,呃……他今天没有来……他上学期就有次不知道哪根筋不对,买了双 ADIDAS,被我们笑成是叛徒,被"亏"了很久,后来就都没再看见他穿那双鞋。

资料来源:林信宏. 运动广告中的符号消费现象[D]. 台湾:南华大学,2004:73.

作为群体相互区分的重要标志的符号消费,对于青少年的群体认同而言具有什么样的意义或作用?也就是说,各种符号化商品所具有的群体区分功能是如何在每个群体成员身上体现出来的?对于青少年而言,"同辈群体效应"(peer effect)对其采取某种符号消费以实现群体认同而言,具有特殊的意义。青少年在群体生活中,主要表现出一种他人导向的社会性格特征。里斯曼把这种性格特征描述为:"他们均把同龄人视为个人导向的来源,这些同龄人无论是自己直接认识的或通过朋友和大众传媒间接认识的……他人导向性格的人所追求的目标随着导向的不同而改变,只有追求过程本身和密切关注他人举止的过程终其一生不变。"(里斯曼,2002)[20]由此可见,青少年的各种行为极易受到同辈群体的影响,形成所谓的同辈群体效应。因此,青少年的符号消费行为无疑会受到群体成员的示范作用的影响。

我有时候会受同伴的影响,比如有时候遇到都喜欢一个篮球明星的人,我会和他成为好朋友。

(访谈对象:河南新乡某中学男生,访谈时间:2007 年 8 月 15 日)

我也不知道受不受同伴的影响,可能玩的时间长了互相受影响吧。一般挑选什么东西,比如服装音乐之类的。服装可能更多受同伴的影响。

(访谈对象:河南新乡某中学女生,访谈时间:2007 年 8 月 15 日)

同学和好朋友对我的消费也有一些影响。比如钢笔之类的，别人说质量不错，我就可能去买。

（访谈对象：广西百色某中学男生，访谈时间：2007年7月22日）

和同学一起去买衣服，如果两个人看的差不多，都觉得可以，价位什么的可以承受，就一起买了。

（访谈对象：安徽安庆某中学男生，访谈时间：2007年8月2日）

有影响，比如和同学一起买衣服，别人挑好了去结账，自己就会在那里转转看看。如果合适了会买一两件。

（访谈对象：广西百色某中学女生，访谈时间：2007年7月22日）

任何一种风行一时的社会行为，首先都是起始于个体的行动，然后再逐步发展成为一种集体性的群体行为，进而成为社会的时尚。这在青少年符号消费中也同样存在。

以"超女"[①] 现象为例，"超级女声"节目首先是在部分青少年中备受追捧，后来经过媒体的渲染性报道，越来越多的青少年开始关注并参与这一事件，从而在社会上形成了一种蔚为壮观的"超女"现象。（岳晓东，2007）[65]青少年对"超女"的热捧，本质上是一种偶像消费。在这种消费中，"超女"代表着一种符号，一种自由、平等、随意、率真、唯美以及自我成就的符号。一些青少年对"超女"符号的消费，使得青少年群体从总体上划分为"超女迷"和"非超女迷"两大部分。与此同时，青少年在对"超女"这一符号的消费过程中，围绕不同偶像也形成了诸如"玉米"、"笔杆"、"凉粉"、"盒饭"等各种各样的"粉丝团"[②]。而每个"粉丝团"无疑就是一个独特的青少年同辈群体。这些"粉丝团"的形成，使得"超女迷"这个群体进一步分化，形成更为具体的目标群体。不同青少年个体在标榜自己属于某个"粉丝团"的同时，也将自己划归了特定的群体类型之中。在这种偶像消费中，每一个具体的偶像都

---

① "超女"是湖南卫视2004年开始举办的针对女性的大众歌手选秀比赛，是当前中国大陆颇受欢迎的娱乐节目之一。

② "粉丝"是英文"fans"的音译，主要指影迷、歌迷和追星族等。

被符号化了，成为某种价值观念和审美品位的化身。如何洁性感热辣的外表象征着青春的活力与激情；李宇春中性化的造型代表了某种叛逆与标新立异；张靓颖的高傲透露着一股贵族的气质和尊贵等。具有与这些符号相呼应的价值观念和审美品位的青少年，便容易在共同的偶像消费中相互辨识、沟通，最终形成形形色色的"粉丝团"。

值得注意的是，具有共同偶像消费对象的青少年群体内部具有较强的凝聚力和相似性，而他们对于其他偶像的"粉丝"则多少具有某种程度的敌意。这种现象在"超女"粉丝团中也明显存在。最为突出的就是各粉丝团为了使其偶像能够在比赛中胜出，不惜通过诋毁其他偶像的方式来拉选票。这就使得青少年的符号消费在群体认同中，呈现出一种群体内的相似性和群体间的排斥性之间的张力。这种张力表面上看是因为所崇拜对象的不同引起的，其背后则是不同青少年群体在价值取向、审美品位等方面的深层差异。

由此可见，符号消费在青少年的群体认同中扮演着某种仪式和图腾的功能。通过消费仪式对各种符号图腾加以膜拜，青少年实现了归属某一群体的目的。从下面这段文字中，我们可以感受到这群以"李宁"运动鞋"001"系列为消费图腾的青少年群体对该商品的痴迷，以及围绕这一商品建立起来的情感纽带所具有的凝聚力。

离"家宴·五年成狂"还有不到一周的时间了……

这几天，辛苦的 FLYINGRAUL 版主正在确认和通知各位参与者……

还有6天时间，我们就能够再次相会了……

在上周的进展通报中，提前曝光了关于 LI-NING "鞋狂" 001 的消息……

一时间引起了很多鞋狂兄弟的关注……

这几天我只要一开 QQ，都会收到关于询问这双鞋消息的留言……

甚至很多骨灰级的潜水员都冒出了水泡……

毕竟5年时间，很多人对这里建立了深厚的感情……

而作为这个论坛历史上具有划时代意义的一件事……

这双鞋，承载着很多人的梦想和对这里的眷恋……

三年前，当我为鞋狂论坛的第一次大聚会时……

在北京的恒基中心……一个中国人自己的品牌，第一次推出了中国人自己的经典复古鞋款……

三年来，鞋狂人一起见证了 LI-NING 的成长……001 的成长……

我们就像看着一个新生儿呱呱坠地，然后看着它长大……

今天，这个孩子已经三岁了……并且，已经成为了中国复古鞋领域里面的一面旗帜……

从"雷锋"、"赤壁"再到"香港"……我们一起看到了 001 从默默无闻到走向辉煌……

而 8 月 25 日……LI-NING 001 将第一次推出它的限量 crossover 产品……

而他选择合作的对象……就是我们的"我为鞋狂"论坛……

这双鞋，无论是对 LI-NING，对 sina，对鞋狂论坛……还是对中国 sneaker 人群，都将是一次肯定……

这双鞋，承载了这三年来 LI-NING 和鞋狂一起携手走过的风风雨雨……

这双鞋，必定会被载入中国 sneaker 历史的画册……

这双鞋……来自中国最大的体育运动品牌 LI-NING 和中国最大的运动鞋交流平台"我为鞋狂"社区……

所有鞋狂人，都是这双鞋的设计师，因为是我们共同打造了这里的天空……

资料来源：加菲家．"鞋狂"001 套装，承载你三年的记忆．[2007-08-19]．http：//bbs. uc. sina. com. cn/？h =/g_forum/00/15/00/view. php%3Ffid%3D72737%26tbid%3D3661&g=4&n=1（"我为鞋狂"论坛）．（引用时对标点符号和错别字略有修改）

从上面这段话可以看出，因为鞋而形成的青少年群体被他们赋予了"家"的内涵。这个"家"得以成立的前提条件不再是传统家庭意义上的血缘或收养关系，而是物化为鞋这一商品。鞋之于这个"家"而言，已经不仅仅是一种纯粹的商品，而是一种符号、一种图腾，一种承载着这群人光荣与梦想的神圣之物。

（二）符号消费与青少年阶层认同

阶层身份是一个人社会身份的重要层面，反映了个体在社会层级结构中的位置。如果说群体认同更多地强调不同群体在社会网状结构中的平面位置，那么，阶层认同则侧重于不同人群在社会层级结构中的等级位置。[①]

相对于成人社会而言，阶层问题在青少年那里似乎表现得并不明显。对于青少年来说，兴趣、爱好等更容易成为他们之间相互区分和辨认的要素。然而，青少年兴趣和爱好的形成，除了基于这一年龄阶段所特有的习性之外，还与青少年的社会阶层属性有着十分密切的关系。关于这一点，布迪厄（Pierre Bourdieu）有过十分精彩的论述。

布迪厄认为，人们各种品位的形成奠基在其阶层属性的基础之上。不同社会阶层的人对于相同的商品会产生不同的审美体验。因此，对于商品符号价值的辨认和享受是以阶层生活"惯习"为基本前提的。正是因为符号价值是以社会差异和等级为基础的，因此，"每个人和每一类人一样都是通过各种物品发现他们在社会秩序中的位置"（转引自孟鸣歧，2005）[74]。所谓的兴趣、爱好、品位等问题并不纯粹是一种超阶级的个人偏好。从根本而言，它们受到阶层出身的深层限制。

[①] 在很长一段时间里，不同人群的社会阶层有着十分明显的外在标志，各个阶层之间的界限也是泾渭分明，任何试图僭越阶层界限的做法都为社会所不允许。在这样的社会环境中，阶层认同并不是一个突出的问题。然而当前，由于政治民主化的不断发展，过去那些对人的社会地位具有明显决定作用的先赋因素，如出身、性别、地域等已经弱化。因为政治地位不再像过去那样在决定一个人的社会地位和生活方式中起关键性的作用。因此，在经济收入不平等的增强意味着阶层分化加剧的同时，政治歧视作用的衰退却使人们形成了这样的认识，即机会结构的开放性增强了，阶级等级的政治性已经减弱。在这种情况下，经济、文化等后致因素对人的社会地位的形成开始产生日益重要的影响。参见：戴慧思，卢汉龙.中国城市的消费革命[M].上海：上海社会科学院出版社，2003：25.

在消费社会中，人们对各种商品的消费并不仅仅是一种个体偏好。在很大程度上，"人们已经意识到，消费文化中的个体，不仅仅谈论他们的服饰，而且还谈论他们的家居，家中的陈设装潢，汽车以及其他活动，根据这些东西有无品位，人们就可以对它们的主人予以解读或进行等级、类型的划分"（费瑟斯通，2000）[126]。人们在消费中所体现出来的审美差异，"并不是因为审美方面的禀赋彼此有什么生来的差别，而实在是因为荣誉准则上的差别，这个准则指定，哪些事物确实属于某一消费者所属的那个阶级的荣誉的消费范围"。因此，"所谓生活水准，本质上是一种习惯，它对于某些刺激发生反应，是一种习以为常的标准和方式"。（凡勃伦，1964）[97,79]有学者认为，消费者的阶层身份与三类消费密切相关：与第一产业相关的主类消费（如食物）；与第二产业相关的技术类消费（如旅游）；与第三产业相关的信息类消费（如信息商品、教育、艺术、文化与闲暇消遣）。在这几类消费中，穷人主要局限于主类消费，而有钱人则更为关注技术类、信息类的消费。（费瑟斯通，2000）[25]由此可见，消费具有明显的阶层分化功能。

不可否认，青少年群体之间会由于年龄以及身心发展特点等生理因素的相似而在兴趣、爱好、品位等方面具有较大的共通之处。但是，作为一种社会存在，任何人都不可能完全摆脱其阶层出身对其消费品位的影响。青少年的符号消费行为，或多或少地都与其阶层出身有着千丝万缕的关系。

在1899年出版的《有闲阶级论》中，制度经济学的创始人之一凡勃伦提出的"炫耀性消费"（conspicuous consumption），对于我们分析符号消费与青少年阶层认同之间的关系具有重要的方法意义。在凡勃伦看来，一个人实际拥有的财富并不能使他获得社会声誉。他还必须通过各种外在的方式向社会全面展示他的富有。只有这样，他才能够证明他的富有并获得社会的尊崇。（凡勃伦，1964）[31]因此，炫耀性消费就是为财富和权力提供证明以获得并保持尊荣的消费活动。凡勃伦区分了炫耀性消费的两种动机：一种是歧视性对比（invidious comparison），一种是金钱竞赛（pecuniary emulation）。前者指财富水平较高的阶层通过炫耀性消费来区别于财富水平较低的阶层；后者指财富水平较低的阶层力图通过炫耀性消费来效仿财富水平较高的阶层，以期被认为是其中一员。正因为这两种动机的存在，产生了所谓的"凡勃伦效应"（Veblen effect）①。基于这一分析路径，在本研究中，主要分析两类符号消费对青少年阶层认同的影响：一类是歧视性对比符号消费；另一类是金钱竞赛性符号消费。

1. 歧视性对比符号消费与青少年阶层认同

歧视性对比符号消费的主要目的是为了获得社会荣誉，从而显示个体处于某一社会阶层的优越感。在这类消费中，人们更为看重物品在商品层级结构中的地位。在很大程度上，人们的阶层地位与商品世界的等级化本身具有较大的一致性。因此，通过占有某一层级的商品，人们可以向他人和社会表明其阶层地位。按照默顿关于潜功能的分析，"人们购买昂贵的物品，不仅仅是因为这些物品品质较佳，更主要的是它们较昂贵。他的功能分析选取的是隐性方程式（昂贵＝较高的社会地位的象征），而不是显性方程式（昂贵＝品质较佳）。尽管如此，他并不否认显性功能也有作用"（默顿，1990）[162]。由此可见，歧视性对比符号消费的主要目的并不在于获取商品本身的使用价值，而在于它能够将个体与下层阶层区别开来的符号意义。凡勃伦认为，这种歧视性对比符号消费的主要实现方式就是高消费和代理消费。

真正的高消费，就是对各种高档商品的尽情占有和挥霍而丝毫不介意金钱。这种消费方式的背后，隐含着作为高消费阶层的优越感和虚荣心。为了实现这一目的，一个重要的举措就是大量消费各种"地位性商品"。同时，为了防止因下层阶层模仿本阶层的消费而使得自己的阶层身份被湮没，他们往往通过不断占有更高级、更昂贵的商品来进一步拉开与下层阶层的消费水平差距。对此，费瑟斯通认为："资本主义社会中，影响标志性商品使用的一个重要因素是，为获得'地位性商品'、为获得表明步入了上流社会的商品而展开的斗争，使得新商品的生产率不断提高。而这使人们通过标志性商品获得上层社会地位的意义，反而变得只具有相对性了。经常性地供应新的、时髦得令人垂涎的商品，或者下层群体僭用标志上层社会的商品，便产生了一种'犬兔'越野追逐式的游

---

① "凡勃伦效应"的基本内容是：商品价格定得越高越能畅销，消费者对一种商品的需求程度因其标价较高而不是较低而增加。它反映了人们进行挥霍性消费的心理愿望。

戏。为了建立其原来的社会距离，较上层的特殊群体不得不投资于新的（信息化的）商品。"（费瑟斯通，2000）[27]对于青少年而言，这种通过不断占有"地位性商品"而实现歧视性对比的符号消费同样存在。在当前一些富裕家庭的青少年当中，高消费的现象并不少见。

一位刚满18岁的少年，曾非常炫耀地向我们讲述了他过生日的前前后后。

"刚过完17岁生日，我就开始筹备18岁生日了。因为18岁是一个美好的年龄，吉祥的年龄，我决定把生日搞得好一些，场面大一些，最好能造成轰动效应，为此，我颇费了一番心思，最后终于想出了一个好主意：到"全聚德"过生日。班里还没有人在"全聚德"过过生日，如果我能带大家到那里聚一次，那多够派！

"哇噻！生日那天我好风光啊，我把班里的同学和朋友请到和平门的'全聚德'烤鸭店，大吃了一顿。那天，我收到了许多礼物：18盒生日蛋糕，18盒巧克力，还有18样其他礼品。18，多吉祥的数字啊！看来今年我的高考是没跑的了，准能考上！"

资料来源：孙云晓，孙宏艳. 花季留下怎样的年轮：青少年高消费透视. [2007-09-10]. http://www.cycnet.com/sunyunxiao/e_edu/e_e_parteac/e_e_parteac08/022.htm.（引用时对标点符号略有修改）

从上面这段话可以看出，作为"地位性商品"的"全聚德"，反映了一个人的消费水平及其阶层背景。在这里，这些"地位性商品"成了青少年提升自己在群体中的地位，获得群体赞誉和满足虚荣心的重要途径。

访问者：你们班有没有攀比的现象？
被访者：有。
访问者：比什么呢？
被访者：比衣服价钱啊，牌子，等等。
访问者：怎么表现出来的呢？
被访者：他直接说出来啊。
访问者：他直接说自己的衣服是什么牌子，多少钱？

被访者：嗯，差不多吧。

（访谈对象：安徽安庆某中学男生，访谈时间：2007 年 8 月 2 日）

我觉得女生比较攀比，特别是衣服。就是比特别潮流和个性的衣服，她们要的就是那个样子。今天你买了，明天我就买更好的。

（访谈对象：河南新乡某中学男生，访谈时间：2007 年 8 月 14 日）

除了通过高消费展现自己所属阶层的优越性之外，代理消费无疑是另一个获得社会荣誉和满足虚荣心的重要渠道。所谓代理消费，是指上层阶层的人让那些与其相关但社会地位比自己低的人进行各种炫耀性消费，以此来增强自我的优越感，凸显自己的阶层地位。代理消费在青少年当中也不同程度地存在着。那些有钱、有权家庭的青少年，往往会通过代理消费的方式来凸显自己的社会地位，显示其社会身份的优越性。这种代理消费的突出表现就是，围绕某一家庭背景较优越的青少年形成小团体，团体成员的一些日常消费，如饮料、游玩、上网等，基本上由该青少年埋单。这样，团体中其他成员与该青少年之间就形成了一种代理消费的关系。通过这种消费关系的建立，该青少年获得了团体中其他成员的追捧和拥戴，从而使其阶层身份的优越性得到体现。

2. 金钱竞赛性符号消费与青少年阶层认同

所谓金钱竞赛性符号消费，指的是个体对某一符号化商品的追求和占有，主要不是出于显示自己所属阶层地位的目的，而是为了掩盖自己真实的阶层属性，提高社会身份。为了达到这一目的，个体不得不通过种种途径占有各种"地位性商品"。在商品的世界里，名牌不仅仅意味着质量、信誉的保证，而且其符号价值也往往大于其他一般商品。这就使名牌商品获得了比一般商品更尊贵的地位，成为一个人社会身份的重要外在表征。"品牌也是消费者的身份证，不同阶层的消费者，不同个性的消费者，他们所使用的品牌是不一样的，每一个品牌背后都会有一群具有共同特点的消费者群体，这一群人，具有共同的消费习性、文化心理、审美情趣等，处于共同的社会阶层，有着一样的喜怒哀乐。品牌只能属于某一部分人，它不可能代表每一个人，让每一个人都认同它。要了解一个人的身份,只需看看他使用的品牌即可。"(廖立新,2002)各种名牌商品无疑是"地位性商品"的最佳代表。

由于金钱竞赛性的符号消费更为看重商品本身所传达的等级信息,即希望通过消费各种"地位性商品"来提升或掩盖自己真实的社会地位,因此,这种消费对于个体的意义就在于,它能够作为一个人的社会身份得以辨识的最直接、最明显、最有效的外衣。在这种消费逻辑中,一个人的阶层身份就等同于他外在的、别人能够看到的衣着打扮。这既成为个体自我阶层认同的主要依据,也是其判断他人阶层的重要标准。这种消费逻辑在青少年的阶层认同中同样存在。某调查显示,超过半数(61.5%)的青少年认为"人靠衣装"这种评判他人身份的消费逻辑是合理的。具体情况见表2。

表2 青少年时"人靠衣装"的合理性的评判

	项 目	人数	百分比	有效百分比	累计百分比
有效值	非常合理	322	11.9	11.9	11.9
	较为合理	1 336	49.3	49.6	61.5
	一般	784	28.9	29.1	90.6
	较不合理	138	5.1	5.1	95.7
	极不合理	51	1.9	1.9	97.6
	不清楚	64	2.4	2.4	100.0
	合计	2 695	99.4	100.0	
缺失值		15	0.6		
总计		2 710	100.0		

注:原始调查问题为"在您看来,'人靠衣装'这句话有多大程度的合理性?(限选1项)"。
数据来源:中国青少年研究中心."青少年流行文化现象"调查数据统计之二:"时尚消费"现象[EB/OL].[2004-03-06]. http://www.cycs.org/Article.asp?Category=1&Column=266&ID=5308.

从表2数据可以看出,明确认为"人靠衣装"这种判断他人身份的标准不合理的人数(认为"较不合理"和"极不合理"者),只占青少年中的极少部分,比例不足10%。由此可见,"人靠衣装"这种判断标准在青少年当中是大有市场的。在这句话的内在逻辑中,衣着对于人而言,已经不仅仅是一种遮体御寒的功能性物品,在很大程度上,它成了一种表征性的社会语言,向社会诉说、证明着其主人的社会身份和地位。在这里,衣着已经等同于阶层身份。实际上,衣着只是一个人阶层身份的外在展示,只是阶层身份得以确认的工具之一而非全部。因此,将工具等同于物品本身,赋予工具本体性的意义,将使得原本的真相被掩盖。正是衣着和人的阶层身份的这种深层次的替换,使得涉世不深的青少年容易在阶层认同中混淆真实的阶层身份与期望、想象的阶层身份,误把工具当作本体,把想象当作真实。

有调查显示,相当一部分青少年认为穿名牌衣服的主要目的就在于有"面子",在于得到别人的羡慕。(具体情况见表3)这在一定程度表明了部分青少年试图通过对名牌这种"地位性商品"的占有来实现个人阶层形象认同的社会目的。

表3 青少年对穿名牌衣服的目的的认识

	项 目	人数	百分比	有效百分比	累计百分比
有效值	主要是为了穿给别人看,以免被人瞧不起	113	4.2	4.2	4.2
	主要是为了自己心里感到愉快,生活质量提高了嘛	509	18.8	19.0	23.2
	既是为了给别人看,同时也为了自己心里感到愉快	554	20.4	20.7	43.9
	名牌就是质量好、耐穿,同时也有"面子"	987	36.4	36.8	80.7
	没有太多的考虑,跟着社会上的潮流走呗	192	7.1	7.2	87.8
	不清楚	326	12.0	12.2	100.0
	合计	2 681	98.9	100.0	
	缺失值	29	1.1		
	总计	2 710	100.0		

注:原始调查问题为"在您看来,穿名牌衣服的目的在于:(限选1项)"。

数据来源:中国青少年研究中心."青少年流行文化现象"调查数据统计之二:"时尚消费"现象[EB/OL].[2004-03-06]. http://www.cycs.org/Article.asp?Category=1&Column=266&ID=5308.

从表3可以看出,"面子"问题在青少年的名牌消费中具有重要意义。在我国当前的社会环境中,是否有能力消费以及消费什么是一个人在社会上有没有"面子"的重要指标,而"面子"的大小或有无也是个体身份与地位的主要标识物。青少年在符号消费中对于"面子"问题的关注,在一定程度上说明了名牌消费之于青少年的重要性就在于获得良好的社会地位。这构成了他们形塑个人阶层形象的重要途径。

> 我喜欢名牌。但是我现在经济达不到,我有很多精仿的名牌运动鞋。(为什么要买呢?)一方面是虚荣心,觉得这个鞋型很帅。另一方面其实也不是很想炫耀,也就是当成普通鞋去买。因为周围的人也没什么识货的。毕竟我们也不是上流社会的。
>
> (访谈对象:河南新乡某中学男生,访谈时间:2007年8月15日)

实际上,虽然名牌与一个人的阶层地位具有较高的一致性,一个人对于名牌商品的占有,也直接受制于他的经济状况,但是,在经济水平一定的情况下,一个人如何分配和使用金钱则与他的主观谋划有着密切的关系。也就是说,拥有相同数额金钱的人,可以有完全不同的消费观念和消费习惯。具体到消费与阶层认同这个问题上,一些社会阶层较低、经济上不太宽裕的人,可以通过压缩一些生存性的消费来获得对某种高档商品的占有,从而提升其在社会公众中的阶层形象,这种提升的效果在一个"陌生人"的社会中更为有效、明显。

这种情况在青少年当中也不同程度地存在着。一些家庭社会阶层较低的青少年为了追求某种名牌商品,常常采取压缩某方面的开支(如不吃早餐)或向父母哭闹等方式。笔者在北京、河南、广西、安徽的几所学校调查时发现,学校中的大部分学生都拥有 NIKE、ADIDAS、李宁、安踏等名牌运动鞋(不可否认,其中不乏一些假冒产品)。这一现象值得我们思考:在中国这样一个地区差异、城乡差异极其悬殊的地方,阶层分化十分明显。但是,在青少年的品牌消费中,却存在着如此显著的一致性,似乎青少年家庭背景的阶层差异在他们的消费中体现得并不明显。对此,一种可能的解释是,在青少年的名牌消费中,存在着一定程度的金钱竞赛现象,相当一部分青少年的消费状况与其阶层属性有较大的出入。造成这一现象的重要原因就在于，以名牌为代表的符号消费在阶层形象塑造以及阶层认同方面具有较大的开放性和欺骗性。

消费社会奉行"消费面前人人平等"的原则，每个人都可以自由地购买自己所钟爱的产品。另外，由于现代城市匿名性的增加，在人们创造外在阶层形象认同时，符号消费的作用越来越大。"现在，人们通过向别人传达信息来定位自己，而这种信息的传达是通过他们加工和展示的物质产品和所进行的活动方式实现的。人们对自己进行熟练的包装，由此创造并维持自己的'自我身份'。物质商品的不断丰富给这一过程提供了支柱。在一个物质产品不断丰富的世界，个人的身份成为对个人形象进行选择的问题，而以往任何时候都不曾如此。人们也越来越不得不对他们的身份作出一定的选择。"（格罗瑙，2002）[6] 一些低收入群体往往试图通过改变消费方式而融入上层社会。"如果工人和他的老板享受同样的电视节目并游览同样的娱乐场所，如果打字员打扮得像她的雇主的女儿一样花枝招展，如果黑人挣到了一辆卡德拉牌汽车，如果他们都读同样的报纸"（马尔库塞，1988）[9]，那么，这种表面的一致容易使人产生一种幻觉：阶层之间的差别消失了。处于下层阶级的人完全可以通过模仿时尚和努力消费来形成"我就是这个阶级成员"的印象，尽管他事实上并不属于那个阶级。

有研究表明（李春玲，2005）：虽然阶层地位与消费水平之间仍然存在着明显的关联性，阶层地位较高的人更可能处于消费分层的上层，而阶层地位较低的人更可能位于消费分层的下层，但是，各个阶层的成员在消费分层中的位置较为离散，阶层成员内部消费水平的同化程度较低。只有少数阶层体现出消费水平的一致性，比如，私营企业主多处于消费分层的上层，农业劳动者多处于消费分层的下层。而其他阶层消费水平的一致性通常较低，其成员分布于消费分层的各个层次。这在一定程度上表明，阶层地位并不是决定人们消费水平和消费行为的最关键性因素，或者说，人们可以通过消费行为来对自己的阶层形象进行新的定位。

这种情况在青少年当中也有所体现。有调查表明（刘钧演 等，2002），当前36.2%的青少年非常赞同"别人有的名牌货，我都希望拥有"的说法，半数以上的人认为"当买了一件别人少有的商品时，我会洋洋自得"。这说明，青少年群体中存在着一定程度的攀比消费、炫耀性消费。

这在一定意义上即是他们自我阶层认同危机的一种现实表现。这种阶层认同危机对于低阶层家庭的青少年而言具有更大的杀伤力，容易使他们形成焦躁、自怨自艾或者仇视社会的消极心态。有学者指出（马吉星，2007），在青少年交往中富裕家庭的孩子往往出手大方，这给贫穷家庭的孩子造成了"自己很没面子"的心理压力。在攀比盛行的大环境里，这部分青少年很容易走到一起，通过各种违法犯罪的方法满足自己的消费欲望，避免被人看不起。笔者在与学生访谈时发现，一些家境一般的学生对于校园中的攀比消费确实感到有压力。

> 有攀比消费的现象。我们班有些有钱的同学，经常买完衣服买完鞋到处炫耀，说自己衣服什么牌鞋是什么牌，多少多少钱。好像地球人不知道他们家有钱似的。每次看到他们炫耀自己的新东西，我就不爽。不过没办法，谁叫人家有钱呢？没钱就只有羡慕的分了。
> （访谈对象：河南新乡某中学男生，访谈时间：2007年8月14日）

虽然歧视性对比符号消费与金钱竞赛性符号消费在表现方式上都呈现出对名牌等"地位性商品"的追求和占有，但是，这两种消费类型在动机和心理表现上却存在着根本差异。前者主要是一种表现性的消费，目的是表明自己高人一等，获得社会的艳羡。而后者则主要是一种追赶性的消费，其目的是掩盖自己真实的阶层属性，提升自己的社会地位。因此，就消费的阶层属性而言，前者大多是家庭阶层背景较高、经济较为富裕的青少年的消费现实。而后者则基本上是家庭阶层背景较低、较为贫困的青少年的消费心态。另外，以品位为表征的文化资本在青少年的阶层认同中也发挥着重要作用。高阶层背景的青少年不仅通过商品炫耀其经济地位的优越性，而且通过对商品文化内涵的占有，进一步表明其阶层地位的独特性。如果说低阶层背景的青少年可以通过其他途径追求和占有高阶层青少年所炫耀的各种有形商品，那么，对于商品文化内涵这些无形的东西的拥有，却是他们难以通过经济手段在短时间内实现的。

（三）符号消费与青少年民族（国家）认同

民族认同大致可以分为民族政治认同和民族文化认同两个部分。民族政治认同主要是对同一个政治实体或国家的认同。而民族文化认同既包括对超越一定政治实体而形成的共同文化的认同（如全世界的华人都有着某种共同的文化认同），也包括一个多民族国家内的各个民族对自身文化的认同。民族认同奠基在共同的文化传统、历史渊源和生活方式之上并经过长时期的历史积淀而形成。民族作为一个"想象的社群"，具有神圣化的特征，对其成员具有一种精神上的聚合和情感上的归属作用。另外，民族认同还具有某种象征特质。一个民族的历史传说、神话、历史事件、民族遗产、国旗、节假日等，都构成了该民族独特的象征和符号。

在民族认同中，消费生活方式无疑是其中十分重要的一个内在方面。一方面，各种消费习俗、消费方式、消费习惯是构成个体民族认同的重要"素材"和象征。通过个体的消费内容和消费方式，我们可以大致判断出其民族渊源和民族身份。另一方面，消费方式也是民族认同的情感纽带和实质内容。根据本民族的消费传统来进行消费，是民族认同在生活方式上的逻辑延伸。一旦被迫与民族传统的消费方式相断裂（如漂泊异乡），就会导致文化震撼（cultural shock）或乡愁、怀旧。（王宁，2001）[77]因此，消费对于个体的民族认同意义重大。它既是个体民族认同得以实现的重要途径，也是其民族认同得以展示和维持的重要手段。其重要性在于，它以一种日常的、润物细无声的方式渗透于人们生活的点滴之中，在此过程中，悄无声息地改变着一个人的生活习性和民族意识。这种作用方式对于人生观、世界观正在形成之中的青少年将产生深远的影响。

在全球化不断推进的今天，可以借由对其他国家和地区商品的消费，来了解该国文化特别是消费文化的特点，从而培养其世界公民的意识。在这一过程中，商品所承载的不仅仅是一种基于自然或技术属性的使用价值，而是被赋予了更多的文化意义。在当前的世界贸易中，包含了大量的民族商品，通过这些商品，一个国家的文化、历史、传统等，得以在另一个国家更为直观、生动地呈现和传播。在这里，商品的符号意义主要表现在两个方面：一是国家间友谊的象征；二是一个国家民族文化的集中体现。当前,越来越多的青少年对于西方一些传统节日,如圣诞节、情人节等表现出了浓厚的兴趣。从积极的一面讲,这可以看成青少年了解他国文化,增强国际理解的一个重要方式。但是,一个不容忽视的问题是,一些青少年对于西方文化制品、传统节日等的消费,更多的是看重这种消费本身的时尚性特征,而很少考虑其背后深刻而厚重的历史文化积淀。

当前,在青少年的影视欣赏、服饰搭配、话语表达等方面,无不渗透着一股日益明显的"哈韩"、"哈日"倾向。"哈韩"、"哈日"一族在穿着打扮和言行举止等方面所表现出来的形象,与中华民族传统的审美观念大异其趣。从下面这段关于"哈韩"族的形象描述中,我们可以明显体会到这种差异的存在。

"哈韩"族的基本特征

* 先天条件是"哈韩"的重要内容,单眼皮,厚嘴唇,是韩国人长相的特点,也许是巧合,记者采访的几位"哈韩"者,以及"哈韩"的"领头羊"孙悦,在长相上都有着与韩国人异曲同工的特色;

* 超大码的灯笼裤、直筒裤、T恤是"哈韩"的基本装备;

* 头发是"哈韩"打扮的精髓所在,目前,国内"哈韩"族的头发除了剪得千奇百怪外,基本颜色是金黄,而真正的韩国前卫少年中,甚至已经出现了绿毛;

* 在手上戴上类似摩托护掌的装饰,当然,款式和花型是绝对韩式的;

* 无论男女在脖子、手腕甚至耳朵处戴上金属饰品,当然T2R的银白饰品是最"哈韩"的;

* "哈韩"的神态也很重要,大概是看多了俊男靓女的电视剧,那种酷酷的表情也成了"哈韩"的内容,有些时候,这种神态给人的印象是"傲慢无礼";

* 形象多变,怎样看都像一个来自外星球的人。

资料来源:"哈韩"族的基本特征. [2007-11-12]. http://baike.baidu.com/view/23431.htm(百度百科).

可见,"哈韩"族的外在形象与中国青少年的传统形象截然不同。以染发为例,其表面的消费功能无非是对形体的修饰和美化,但从民族形象的自觉意识来看,作为中国人民族身份重要标志之一的"黑头发"已经被遗弃了。在这种消费功能的背后,隐含着某种颠覆性的文化功能,它所颠覆的是人们对中华民族自我形象的文化认同。实际上,一个人的肤色、头发都是其民族认同的最基本要素。在国外填写移民局的各种表格时,在"民族"一栏后会出现"头发颜色"和"眼睛颜色"这两条,提醒着填表者对自己民族身份的记忆。(江宁康,2004)由此可见,对自己外在形象的变更(如果抛开爱美这种人之常情),可能会涉及消费时尚与民族认同这些深层问题。

这种对别国民族文化的认同不仅仅表现为一种外在形象的认同,而且在深层次上也表现为对其文化产品的偏爱和认同。有调查显示(李晓娟,董娅,2005),将近1/3(31.8%)的青少年喜欢并经常观看西方影片,而喜欢国产影片的仅有17.3%。2005年4月,北京美兰德信息公司对北京、上海等8个城市青少年消费状况的调查发现,六成青少年明确表示更喜欢国外品牌。他们认为"国外品牌代表着高品质、流行和时尚","用洋品牌更能得到朋友们的尊重"。他们喜欢的国外品牌主要是欧美产品。不可否认,外国的某些品牌在功能及品质方面确实优于国内品牌,但过分迷恋国外品牌并不断将其"神圣化"的结果,只能是动摇民众特别是青少年的民族自信心。同时,这也容易使他们在消费外国品牌的过程中背离民族文化传统,造成民族认同的断裂。

实际上,青少年对国外商品的态度极为复杂多样。在青少年的生活消费中,各种各样的意识形态话语相互纠缠和撕扯,强化了当代青少年在消费浪潮冲击下的群体分化与复杂心态。这些在中国青少年对待"日货"的态度上得到了淋漓尽致的体现。

中国是日本商品的进口大国,近年来,日本偶像剧、动漫等文化商品也风靡中国,催生出了一批"哈日"族。但是由于日本曾入侵中国的历史以及当前两国微妙和敏感的政治关系,中国青少年对于"日货"的态度也更加复杂且暧昧。

关于美津浓

xiaoyanjing_31：

说实话，其实美津浓的慢跑鞋，穿起真的蛮舒服的，很符合亚洲人的脚形。有时候上历史课，老师讲了下当年日本侵略中国的史实，同学第一反应就是抵制日货。反应最快的就是，抵制穿美津浓的。我很不幸，被抵制了。其实想一想，我觉得完全的抵制日货，简直不可能。比如说一些电子产品，SONY 等，还有小车，如尼桑。我发表这张贴，就是想看一下大家对美津浓的见解。（我还是不支持绝对的抵制）

charlshen：

抵制日货只是作为一个中国人思想上最最基本的觉悟……

并不是说一定不买日货，现在在中国不买日货也不可能，不过如果你没有抵制日货这一个心理作用，我敢保证你一定会毫不节制地买日货……

日货做工是很不错，制造业方面尤其出色是公认的，但这并不能成为你反对抵制日货的借口。在一些数码产品方面除了日货没有好的，比如照相机，就是日货垄断中国市场，你买一台也无可厚非；但有一些日货可以找到质量一样的非日货，你要买时就必须思量一下了；比如买汽车，看着满大街的本田、丰田、尼桑之流，心中就觉得不爽。明明有 FORD、大众等等非日货品牌，你硬要去买就是缺乏这一种思想意识；而运动用品方面，我承认 ASICS，MIZUNO 的确很不错，是很好的品牌，但国外有 ADI，NIKE 比它好，国内 LI-NING 和它差不多，你为什么还要去买……????? 只是因为漂亮就放弃对于一个民族的坚守？

曾经看过这样一句话，现在在中国你买一辆日本车，可能付给小日本的钱数年之后会变成它的枪支与导弹！最后再说一句，是一个日本人说的：就算日本人不去参拜靖国神社，韩国人也不会买日货；就算日本人再怎么参拜靖国神社，中国人还是会去买日货。

希望大家在买日货之前要考虑慎重：是不是一定得买！

ineffort：

一样的东西能买其他牌子的就买其他牌子。比如说鞋、汽车等。

相机之类的东西我们没有办法，只有买 NIKON、CANON 之类的，没办法!! 谁能比过这些牌子?!

我以前也曾经强烈抵制，后来仔细想想，没有 SONY、NIKON、CANON，中国的传媒界绝对完蛋!! 那时候看看大家还怎么交流!

fuxiaolin31：

一双鞋子而已，用不着这么上纲上线。

我们没必要对所有带有"日本"两字的事物一棍子打死，毕竟这个国家土地是我们的 1/25，国民生产总值却是我们的好几倍。

很客观地讲我佩服日本，把他们的精髓学到，运用到祖国的建设上这才是我们应该做的，这叫师夷长技以制夷。

最后，我不是愤青，但我讨厌愤青。

jiuxihuanzheli：

就因为它过去完全没有人性的侵略！就是因为它到今天都不道歉，还尝试篡改历史!!!! 能不买日货我是绝对不会买的！

xiaoyanjing_31：

日本的跑鞋确实做得很好啊，比如美津浓和艾斯克斯，又舒服，样子又时尚，适合我们年轻人穿。楼上的兄弟谁爱抵制谁抵制吧，如果你们说我不爱国我也认了。但是我认为爱国不是体现在这儿的。

资料来源：关于美津浓（主题帖及展开跟帖）. [2008-01-16]. http://bbs.service.sina.com.cn/tableforum/App/view.php?bbsid=21&subid=0&fid=83116&tbid=6689&p=3（"新浪体育论坛"板块"我为鞋狂"论坛）.（引用时对标点符号和错别字略有修改）

从以上材料可以看出，在对待国外商品上，青少年的态度是多元的。其中，既有笃信"外国月亮比中国圆"又不认为自己"崇洋媚外"的艳羡话语，也有极端民族主义的"愤青"话语以及冷静平和、正视民族和世界关系的理性话语。由此可见，在日益全球化的世界，虽然符号消费提供给当代青少年的文化想象似乎抹平了地域与国别的差异，但是他们所受的教育以及历史记忆、国家意识形态的濡染等，又在无形中树立与强化了他们的民族认同（民族仇恨也是民族认同的一部分），"国货"与"日货"的二元对立，即在很大程度上表征了这种民族认同与符号消费所带来的"天下大同"意象之间的矛盾。

与全球化紧密相关的是青少年对本土文化的态度问题。在当前符号消费的狂潮中，一个引人注目的问题是民族文化的复兴和日益时尚化。以"李宁"牌运动鞋为例，李宁公司近年来在运动鞋的外形设计和理念定位方面，不断吸收传统文化、民族文化的要素，从名震一时带有中国色彩的"飞甲"篮球鞋到后来的"七夕"、"赤壁之战"和"001"系列鞋款，以及当前颇为流行的"狂绣"，无不彰显着中国文化在时尚化的符号消费中所具有的民族魅力。因此，这些富有中国特色的时尚运动鞋一经推出，就得到了当代青少年的支持和认同。在对这些运动鞋的消费过程中，他们获得了一种民族的自信与自豪。从以下青少年对李宁"狂绣"系列运动鞋的反馈中，我们可以感受到他们的这种民族自信心与自豪感。

>morning 33：呵呵~很乡土气息的好鞋子啊~
>Austin：民族的，世界的
>LSX：民族风格
>zhwbeckham：56个民族~56枝花 哈哈，很有那味道。
>资料来源：李宁狂绣（贴图）.[2008-08-19]. http://bbs.kicks.cn/dispbbs.asp?boardid=84&replyid=1232878&id=54840&page=18&skin=1（《鞋帮》杂志官方论坛）.

从以上论述可以看出，伴随着经济、文化的全球化，青少年在符号消费中所展现的民族认同，在价值取向上纠缠着国际与本土、世界与地方、现代与传统的种种冲突和博弈。这从一个侧面反映了当代青少年在全球化浪潮中民族认同的多元化和复杂性。

第二章
信息、时尚、空间：
青少年符号消费的能指世界

  上一章从身份认同的角度分析了青少年符号消费的意义和目的，即对青少年符号消费的所指世界进行了解读。本章将继续依循符号学的分析路径，探讨青少年符号消费的能指空间如何参与建构青少年的身份认同。也就是说，本章的主要任务在于分析青少年的身份认同如何通过符号消费这一载体得以实现。

  从当前消费社会的生活景观来看，各种与符号消费有关的信息占据着现代传媒的重要篇幅，而层出不穷的流行时尚本质上就是一场商品象征意义的不断更新和改写的运动，各种现代大卖场蓬勃兴起并成为消费的天堂。商品正是借助各种媒介信息、流行时尚和消费空间而得以淋漓尽致地表达其符号意义。同时，消费者也正是通过对各种商品信息、流行时尚以及消费空间的不断占有而实现其对商品意义的解码。消费者身份认同的价值诉求正是在这样的信息、时尚和空间中得以展现和完成的。因此，现代媒介信息、流行时尚以及各种消费空间，无疑对商品符号意义的生产、流通和传递具有举足轻重的作用。基于此，从能指的角度来探寻作为当代青少年一种重要认同方式的符号消费的特征，便转变为对商品媒介信息、流行时尚以及消费空间与青少年身份认同之间关系的分析。对这些关系的深层解读，将有利于我们更为全面、准确地了解当代青少年身份认同的文化环境特征，以及青少年采取符号消费这一新的认同方式的时代原因。因此，本章将主要探讨符号消费的信息载体、时尚趋向以及空间特征如何承担起青少年身份认同的能指作用。

一、符号消费的信息载体与青少年身份认同

符号消费本质上是一种意义或象征的消费。鉴于意义或象征本身具有传达某种意涵、表述某种意蕴的功能,因此,在某种意义上,可以认为意义或象征本身就是一种信息。这种信息的特征就在于高度的抽象化,以及在这种抽象化基础之上的符号化。当前,以符号消费为重要标志的消费社会的形成,与当代媒体的蓬勃发展有着十分密切的关系。在很大程度上,商品符号价值的生产、意义的流通和表达,正是媒体制造、宣传和鼓动的结果。戴维·里斯曼(David Riseman)认为,在这种情况下,"个人与外界、与自身的关系都要以大众传播的流通为媒介"(里斯曼,2002)[19-20]。对于符号消费而言,媒介已经变成其诉说意义、培养受众消费品位的一种新的语言方式,不断构建着个体的身份认同。

当前,以媒介为重要表达方式的商品符号信息的发展,具有以下重要特征。①就技术层面而言,以电子信息为代表的各种新技术的诞生,使得当代媒介的呈现与表达发生了深刻的变化。这些变化带来了人们感知世界的方式的革命性变革。②就制度层面而言,市场经济和民主政治无疑对当前媒介信息的发展具有举足轻重的意义。前者使得媒体成为独立的经济实体,具有自主的利益追求;后者确保了媒体信息发展的政治和社会空间。③在前面两个层面的变革的基础之上,消费者的审美趣味、价值偏好等,成为媒介信息生产与创新的重要"智力资源"和"内容资源"。作为媒介信息重要构成之一的商品符号,也必然随着媒介信息的总体性变革而呈现某些新的特质。对于当代青少年的身份认同而言,符号消费信息的商业化、多元化、影像化以及信息自身的"内爆"等特征,对其身份认同的认知、建构、呈现或表达等方面产生了深远的影响。

（一）符号消费信息的商业化与青少年身份认同

市场是当前各种商品符号生产的内在驱动，其根本目的是获取利润。为了在同类产品竞争空前激烈，消费需求疲软的市场环境中谋求企业的生存与发展，商家必须使自己的产品在琳琅满目的商品世界中脱颖而出，吸引顾客的眼球，调动其购买的欲望。为此，一种以市场细分原则为基础，以弹性化生产为手段的"后福特主义"应运而生。这一新型生产范式与过去强调标准化、规模化批量生产的"福特主义"相比，更注重从社会文化与心理的角度来定位、生产、包装和推销产品。这种策略的突出表现就是对功能性的商品赋予各种表征性的意涵，从而实现普通商品的文化转向，使其成为某种有内涵、有深度、有意味的符号和象征。

在这种背景下，大众传媒已不是一个单纯的信息载体和文化传播的手段，而是一个以高科技为支撑的庞大产业。大众传媒对于大量消费信息的生产和兜售，在很大程度上已经摆脱了政治意识形态的控制而走向一种经济利益的驱动。商品的文化化以及文化的商品化成为当前重要的社会文化现象。关于这一点，我们可以从下面这则商品广告文案中窥见一斑。

> 如果你还年轻，或许自诩年轻
> 那么你一定不能没有 T 恤
> 一定不能没有几件够 IN 的 T 恤
>
> 与传统、正式、拘束的衬衫相比
> T 恤意味着自由、轻松、年轻和时尚
>
> T 恤的灵魂是图案
> 虽然裁剪、款式变化不大
> 但是 T 恤上面的图案所传递的潮流总是不停地在变
> 无论是曾经风行一时的波希米亚、哥特风格、军装风格、运动

主义

还是流行着的后校园主义

都是人们用来发泄苦闷、附和心情、表达希望的心情载体

【服了YOU】T恤

致力于为你、为我、为他……制作出属于自己的T恤

这是我们的年代，我们的世界

我们服了谁？——ME？YOU？

哈哈哈……

我们……

谁都不服！！！！

穿着，自己作主

我就是我

怕谁呀？

资料来源："服了you"T恤包装袋上的广告宣传（该T恤由鼎欧服饰有限公司生产）。

  从上面这则广告文案中，我们不难看出商家是如何通过对产品的文化包装而使其与个人的品位、风格、生活态度等社会文化心理相勾连，并在此基础上以一种隐含的方式去劝诱消费者，特别是青少年的消费欲望。在广告词中，T恤成了青少年追求自由、年轻、时尚的替代物，仿佛拥有"服了YOU"T恤，就获得了另外一种身份。在这种符号化的过程中，商品本身的使用价值已经无足轻重，重要的是它所负载的意义和象征。在这里，商品的广告并不是要告诉消费者关于该商品的功能性的知识，而是表达一种生活态度，一种温情却又难以抗拒的劝诱。

  由此可见，符号化了的商品由于诉诸人的文化心理，调动人的消费

欲望,因此,它能够超越人的需要的有限性而走向无限。① 符号消费甚嚣尘上的奥妙即在于它借助大众传媒的力量,不断刺激和塑造人们的消费欲望,僭越了需要的范畴而成为人们消费行为的主宰者,使人在真实需要和虚假需要之间乱了阵脚。在符号消费的文化语境中,人们解读一种广告文本,欣赏广告中的影像,憧憬广告中的意义空间,进而购买广告中的产品,最后认同一种生活方式和文化身份。青少年好奇、冲动、易受暗示等心理特点,使他们更易于被这种符号所制造的各种消费欲望俘获,深陷其中而难以自拔。

以青少年偶像消费为例。当前,消费正成为青少年对偶像表示崇拜和认同的重要仪式。大众传媒的商业化本质决定了其运作的基本目的是对经济利益的追求,为了达到利润最大化,它要求实现偶像作为一个商品的文化符号的最大价值。大众传媒通过与商家的合谋,在使偶像商品化——成为一种消费符号的同时,以广告代言等方式使偶像与形形色色的商品建立意义联结,极力扩张青少年对偶像的文化消费空间。为了达到经济效益的最大化,大众传媒一方面不断借助现代技术展示各种青春靓丽、个性突出、充满活力的偶像以吸引青少年,另一方面则不断制造新的偶像以代替旧的偶像,刺激青少年不断地投入到这种无止境的偶像消费之中。

> 孙燕姿代言过统一冰红茶,我喝饮料的时候会优先考虑这个品牌。因为觉得她的歌好听,所以会喜欢孙燕姿。还有性格特别好,是我喜欢的类型。在消费统一冰红茶这样的商品的时候,我觉得可以证明我比较崇拜她,比较酷。
>
> (访谈对象:河南新乡某中学男生,喜欢的偶像是孙燕姿,访谈时间:2007年8月16日)

---

① 真实需要(need)和主观欲望(desire)的区别在于,需要是维持某种生存质量、满足某种生活要求的客观标准(如水、空气、食品、衣物、住宅等),具有客观性、层次性和递进性等特征。而欲望更多的是一种主观的、感觉到的并常常是强烈的希望、愿望和倾向,具有主观性、无限性、想象性和可塑性等特点。参见:王宁. 消费社会学 [M]. 北京:社会科学文献出版社,2000:29-30.

> 如果是我的偶像代言的商品，当然我首先会关注。我买过詹姆斯的一个护腕，128块钱。我觉得它很珍贵，都放在家。
>
> （访谈对象：广西百色某中学男生，爱好打篮球，访谈时间：2007年7月22日）

无论是由偶像直接产出的媒介商品（如CD），还是与偶像形成文本互涉的普通商品（如偶像代言的商品），都具有偶像的符码，具有再现偶像形象的功能。附着在这些商品上的偶像的美好形象、个人特质等符号，形成一种诱导性的认同框架，吸引着青少年。在某种程度上，这些商品已经成为偶像的替身，成为青少年亲近、感知偶像的现实素材。因此，与偶像有关的各种音像制品、报纸杂志、海报以及由偶像代言的各种商品等，构成了青少年与偶像"亲密接触"的重要渠道。而这一渠道的实现，无不以金钱作为前提。当代青少年在偶像崇拜方面花费了大量的时间、金钱，甚至有些青少年为了购买与偶像有关的各种商品而节衣缩食。浙江省一次关于青少年偶像崇拜的调查结果显示（章洁，詹小路，2006）：青少年把零花钱的60%都花在了偶像崇拜上，他们关于偶像的许多消费行为，如观看昂贵的演唱会、购买限量版唱片等，都明显体现了符号消费的特点。

青少年在对带有偶像符码的商品的消费中，不单消费了商品的使用价值，还获取了各种各样的情感体验——快乐、梦想、欲望、自我认同以及离奇幻想等。这些符号意义形成一种时尚，为从众心理极强的青少年消费群体施加了一种心理压力，促使更多的青少年投身于偶像消费的世界中，以此方式来自我表达和建构意义。他们在这种消费行为中彰显自己，获得了极大的心理快感。但是这种关于偶像的符号消费行为极易弱化青少年的理性判断力和自省能力，使他们过分追求商品"能指"性的符号价值，并且把生活、人生的意义与价值都赋予到符号消费行为中。此外，商业化时代的大众传媒在对偶像展开造神运动的同时，也不断进行着对偶像的否定和毁灭。大众传媒不仅按照它的游戏规则外在地决定了偶像流星般一闪即逝的命运，而且内在地制约了偶像存在的内涵、意义和价值。

从当前媒体所营造的文化盛宴中我们不难发现，各种声色犬马的娱乐化感官刺激已经成为多数大众传媒的文化价值偏好,以及眼球经济时代媒体创造神话的绝佳卖点。实际上,"媒介文化融会商业逻辑,其实质就是一种典型的商品化的消费文化,追求经济效益的实用特征就突出地表现出来。换言之商业因素成为媒介文化的决定因素之一⋯⋯媒介文化总体上显得世俗化、功利性、通俗、肤浅"(于德山,2005)[11]。因此,媒介信息的这种商业化特征,无疑强化了青少年偶像崇拜的消费性行为。这不仅仅给青少年带来了经济上的压力,更重要的是,这种符号消费的享受性、流变性、想象性,使青少年的自我认同趋向于物质化、碎片化、幻象化,难以找到自我认同的坚实基点,进而给青少年的自我认同带来更深层次的焦虑和迷失。

(二)符号消费信息的开放性与青少年身份认同

符号消费在信息的传递和解读方面具有很大的开放性。在符号消费与身份认同的关系中,这种开放性主要表现在消费者对商品符号信息解读的选择性和多样性上。从媒介传播的角度来看,媒介信息从生产、传播到被受众接收和解读,期间充满了很多变量。受众对于某一媒介信息的理解,与媒介信息生产者赋予该信息的含义之间可能存在很大的出入。英国著名的传播学者斯图亚特·霍尔(Stuart Hall)在《编码/解码》(Encode/Decode)一文中指出(霍尔,2000)[347],受众解读已制作好的电视信息可能出现三种立场,称之为"三个假想的解码立场"(又译"解码地位"),分别是主导—霸权立场、协商立场、对抗立场,与这三种解码立场相对应的信息解读则分别是"优先解读"(又译"优势解读"或"偏好式解读")、"协商解读"(又译"妥协解读")与"对抗解读"(又译"抵抗解读")。

由此可见,在传媒时代,信息的传播和解读过程充满了多义性和开放性。这种开放性为青少年在符号消费中的身份认同提供了更为自由、宽松的社会环境。只有在开放的信息环境中,消费者才能根据自身的定位来对各种商品的文化意涵和身份意义进行自主的解读,并在这种解读的过程中,获得对自我形象和社会地位的一种心理满足。在商品信息闭塞、单一的环境中,个体很难通过消费来赋予商品新的意涵进而构建自我，谋求新的身份认同。因此，商品信息的开放程度对于消费者的自我建构而言意义重大。

符号消费信息的开放性对于青少年的身份认同而言，其重要性在于，它为青少年自主解读商品符号的意义提供了基本的前提保障。这种开放的信息空间，取消了任何人或组织对商品符号价值进行权威、垄断解读的企图，赋予了商品使用者在商品消费过程中自主解读的独立地位。这种信息解读方式的变化，对于处在青春躁动期，渴望独立，追求自由的青少年而言，无疑极具诱惑力和现实性。在开放性的信息空间中，当代青少年较之以往的青少年，更能够依据自身的经验以及审美趣味、文化品位、社会归属等，对各种商品所负载的意义和象征进行自主解读，从而自主地构建自我形象与社会身份。根据霍尔关于受众对信息的解码立场的划分，我们也可以对当前青少年在面对各种符号化商品时所采取的解读方式进行分类与解析。

第一种立场是主导—霸权立场（dominant-hegemonic position）。持这种立场的青少年，采取的是与信息生产者的"专业编码"完全相同的诠释架构。它主要反映了青少年在对商品信息的解读过程中，受制于占支配地位的信息生产者，采取的是与信息生产者相一致的解读方式，缺乏自己的主见。

> 我觉得 NIKE 的广告拍得很炫。尤其是那个"蝎门"广告。简直像是在看电影，超酷。虽然我平时不怎么踢球，我喜欢打篮球，但是看了这个广告后真的让我有买一双 NIKE 足球鞋去踢球的冲动。
>
> （访谈对象：北京某中学男生，访谈时间：2007 年 7 月 2 日）

> 我是因为上体育课需要运动鞋才会关注一些体育用品的。平时我也比较喜欢看一些流行时尚的刊物。这些刊物经常介绍一些目前最 in，最流行的穿着打扮，我就发现 NIKE 运动鞋很漂亮。还有就是 NIKE 的那一句"just do it"。虽然我不是很了解它的一些具体内涵，但是我觉得这句话就像是鼓舞我们去做一些事情。你知道，我们女生平时不爱运动，我就觉得 NIKE 的"just do it"是在鼓励我们去尝试。然后，以后再买鞋子的时候，虽然 NIKE 相对别的鞋子有些贵，

但我也会买。

（访谈对象：北京某中学女生，访谈时间：2007年7月2日）

第二种立场是协商的立场（negotiated code）。协商式解读中包含着相容因素与对抗因素的混合：它既对信息编码所传达的意义保持相当程度的认同，同时又在一个更有限的、情境性的层次上，保留自己的权力来使信息中内含的意义适合于"局部条件"——自身的特定情况。也就是说，持这种立场的青少年，对于商品的符码信息持一种"部分同意，部分否定"的态度。

我很喜欢ADIDAS的广告。我觉得它很有创意，我很喜欢世界杯的时候它做的广告。一些小孩在做石头剪子布叫人踢球，感觉很有意思。但我不喜欢买ADIDAS的东西，感觉式样不如NIKE好。我喜欢看它的广告主要是因为它的广告有意思，很能吸引人，特有创意，有时候也觉得挺搞笑，很好。

（访谈对象：北京某中学女生，访谈时间：2007年7月2日）

第三种立场是对立的立场（oppositional code）。在这种立场中，青少年很可能完全了解商品信息是在什么情况下被编码的，也理解话语赋予商品的各种象征意义，但是他们却对此置之不顾，而是自行寻找另一个诠释架构，从而使得编码者所欲传达的意义完全被改写。对抗式解读导致的后果是编码者的传播意图被颠覆。对于青少年而言，其目的主要是力图推翻编码者的主导意识形态。

一些拍得不好的广告我是不会去买它的产品。最夸张的就是非常可乐的广告，你知道吗？我后来还给他们公司打过电话。它说"中国人，非常可乐"，这等于是在骂自己一样。然后，后来改成"中国人，就喝非常可乐"。但我就觉得非常不好。

（访谈对象：北京某中学女生，访谈对象：2007年7月2日）

符号消费信息的开放性除了体现在青少年对商品符号意义解读的多样

性上,另一个重要的表现就是青少年可以参与商品符号意义的创造性编码。很长一段时间以来,商品的符号意义主要受制于商家的生产意图以及文化媒介人的创作才能。在这种情况下,青少年只能够对各种符号化了的商品进行选择而无权左右商品文本的符号生产。随着消费社会的诞生及其对市场细分原则的高度关注,消费者的品位和风格成了商家与媒介塑造商品形象的重要"内容资源"和"智力资源"。当前,众多以青少年为消费对象的商品,无不改变过去高高在上的姿态,采取一种谦虚、平等甚至低微的态度来听取青少年的消费意见。当前在球鞋领域中颇为流行的"customize"①就体现了这种转变。这就使得越来越多的青少年加入到商品文本的符号生产之中,在其中投射自己的种种理想与愿望。关于这一点,可以用"康师傅"牌冰红茶与青少年之间的音乐互动活动来作一例证。

  为了进一步贴近目标消费群体,给青少年提供展现自我、宣泄个性的舞台,2002年,康师傅冰红茶以校园音乐创作为主题,在全国范围内举办了历时3个多月的"冰力先锋乐队选拔赛",在其品牌代言人任贤齐的支持和广大学生的积极参与下,取得了很大成功,在国内多所院校刮起了"冰力十足"的音乐流行风。2003年的选拔赛除继续鼓励在校大学生进行音乐原创外,活动时间更长,范围更广,扩展到港澳台地区,将给更多的青年朋友搭建一座相互观摩学习、促进交流、尽情展现自我音乐魅力的舞台。

从上面这段文案可以看出,"康师傅"品牌的持有者对于其品牌符号意义的生产,并不仅仅局限于公司内部的封闭式编码,而是让商品直接面对消费的目标群体——青少年,并通过各种途径吸引越来越多的青少年参与到商品符号价值的创造之中。这一方面确保了商品销售的成功,另一方面也满足了青少年展示自我、创造自我的青春冲动。

---

① "customize"意为"顾客定制",即鞋店不向顾客提供成品鞋,而是提供鞋的各种部件,消费者可以对这些部件进行选择,按照自己的意愿自由搭配,并可以利用电脑进行虚拟组合,最后电脑会根据顾客的指令以3D的模型向消费者展示组合的效果。顾客把自己确认的设计提交给鞋店后,大概要等5—7个星期就会拿到自己亲手设计的鞋子。在这种消费模式中消费者的个性需求将获得最大程度的实现。

（三）符号消费信息的影像化与青少年身份认同

符号消费在信息的呈现方面，表现出明显的影像化特征。这种影像化信息的大量衍生，促成了世界的图像化发展。美国学者米歇尔在《图像的转向》一书中对这一问题作了深刻阐述。他认为，"古代与中世纪哲学的图景关注物，17 到 19 世纪的哲学关注观念，而启蒙的当代哲学场景则关注词语"，"但是人们似乎可以明白看出哲学家们的论述中正在发生另一种转变，其他学科以及公共文化领域中也正在又一次发生一种纷繁纠结的转型。我想把这一转变称为'图像转向'"。（米歇尔，2002）[14]美国学者丹尼尔·贝尔（Daniel Bell）也认为，"目前居'主宰'地位的是视觉观念。声音和景象，尤其是后者，组织了美学，统率了观众。在一个群众社会里，这几乎是不可避免的。"因此，"当代文化正在变成一种视觉文化，而不是一种印刷文化，这是千真万确的事实"。（贝尔，1989）[114]

世界的图像转向，使得自启蒙运动以来所确定的"词与物"的对应关系发生了新的变化。在信息化时代，"像与物"、"像与词"甚至"像与像"的关系都发生了颠覆性的变革。"在真实世界变成简单形象之处，简单形象就变为真实的实在，而且成为催眠行为的有效动机。人们通过各种特殊的媒介（不再是直接观照）来观照这个世界，作为这种倾向的景象很自然地发现视觉乃是一种人的特权性器官。触觉是为其他时代的，而最抽象、最神秘的感官才与今天社会的普遍抽象相对应"（德波，2000）[62]。这种世界的图像化在消费社会中表现得更为突出。或者说，只有到了消费社会阶段，世界的图像化才成为可能。关于这一点，我们可以从城市中的各种巨幅广告、流光溢彩的霓虹灯，以及从电视节目中源源不断流淌出来的各种图像信息中窥见一斑。商品符号信息影像化的重要结果，就是日常生活的审美化以及人们感知信息过程中的全身心投入。这在很大程度上改变了青少年身份认同的方式。

首先，日常生活的审美化呈现（aestheticization of everyday life）对于青少年的身份认同而言，其突出意义在于它在很大程度上改变了青少年身份认同的审美基础，身体美学成了当代青少年身份认同的一个重要价值取向。① 日常生活审美化意味着日常生活与艺术之间出现了更多交叉地带。艺术可以不断地模仿复制生活中的消费品，反过来又运用这种新的风格塑造后现代城市，使其空前地审美化。人的生活方式同样变得同艺术密不可分，不断变换的时尚与风格在塑造新的生活方式的同时也从中汲取源源不断的艺术灵感，这使日常生活看起来更像是一件艺术作品。当前，各种购物中心、美容中心、健身中心和主题公园等无不表征着日常生活的审美化。因此，"绝不能把消费社会仅仅看作是占主导地位的物欲主义的释放，因为它还使人们面对无数梦幻般的、向人们诉说着欲望的、使现实审美幻觉化和非现实化的影像"（费瑟斯通，2000）[98]。

所谓日常生活的审美化，主要强调一种投入式的、感性直观的、即时的审美体验。这构成了消费社会的审美价值和美学原则。在这种审美环境中，青少年的"青春身体"被不断地制造出来。一方面，通过时装模特、体育明星、影视明星等文化时尚人物的身体来制造"青春身体"；另一方面，青少年通过健身房、美容院以及体育馆等身体美化场所来自我营造"青春身体"。（肖鹰，2006）而前者往往成为后者的原型和模板。这种日常生活的审美化对于青少年而言，"可能是青少年卧室的墙壁，他（她）们的穿着方式、他（她）们的发型和化妆"。通过这些审美改造，青少年"使自己成为其社会与文化效忠从属关系的活生生的指示，主动地和富有生产力地活跃于意义的社会流通过程中"（费斯克，2001）[174]。

我们不难在当代青少年当中发现这些现象。在一些青少年的房间里，贴满了有关各类明星的海报，摆放着各种很难用传统审美视角加以评价

---

① 费瑟斯通（Featherstone）认为，所谓日常生活的审美呈现主要包含三个层面的意义：第一，作为一种艺术亚文化的日常生活的审美呈现，主要指第一次世界大战后出现的达达主义、历史先锋派以及超现实主义运动。这些流派的作品所追求的根本价值在于消解艺术与生活之间的界限。为此，它们一方面消解传统艺术头上的神圣光环，另一方面宣称艺术可以出现在生活中的任何方面。这些艺术亚文化所采取的各种策略和艺术技巧，已经被当前消费文化中的广告和大众传媒所吸收。第二，把生活转化为艺术作品的各种谋划。当代都市街头绚烂夺目的霓虹灯箱、造型精美的广告牌、往来人群中迅速变换的色彩与风格，都生动地展现了生活审美化后的种种特质。在这种生活景观中，现代人的典型形象就是"花花公子，他把自己的身体，把他的行为，把他的感觉与激情，他的不折不扣的存在，都变成艺术的作品"。第三，各种"充斥于当代社会日常生活之经纬的迅捷的符号与影像之流"，这是日常生活审美化的最为核心的特征。在费瑟斯通看来，影像是一种视觉性意指体系。影像由于各种媒体、广告包括生活中的种种时尚的泛滥而不断自我繁衍。影像在生活中的密度不断加大，渗透于日常生活的各个层面，使得影像获得了一种超真实的存在。参见：费瑟斯通. 消费主义与后现代文化［M］. 南京：译林出版社，2000：97-98.

的所谓的工艺品。在着装方面,青少年的日常穿着则呈现出某种程度的时装化特征。一些青少年的奇装异服无疑是对这一现象的最好注脚。此外,当前青少年中各种美容、美发、美体等直接身体消费也日益增多。我们经常能够看到一些青少年,特别是女生,在头发、指甲等方面所作的各种精心修饰。通过对自我身体以及生存空间的这种审美化改造,青少年向社会传递了一种属于他们自己的独特生活方式,从而为其谋求成人社会中的一席之地提供了文化资源。这在一定程度上也造成了青少年与成人之间的代沟。

其次,符号消费信息的影像化对于青少年感知商品符号世界的方式具有深刻的影响。这种影响集中体现在,它能够调动起青少年在通过符号消费谋求身份认同过程中的多种感觉通道,大大增强青少年对商品符号价值的真切把握。在一定程度上,青少年对自我形象和身份的认识,是通过对商品符号所营造的影像世界的投射来实现的。在以报刊、广播为主要媒介的年代里,商品符号信息主要表现为单一的文字或声音。因此,青少年对各种商品符号信息的感知,主要依赖看或者听这样一种单一化的感觉通道。这种单一化的感觉通道一方面有利于青少年对商品信息作出长时段的思考和回味,增强其消费的理性特征。但另一方面,单一化的感觉通道不利于青少年全方位、立体化、形象化地认识各种商品信息所负载的文化内涵和象征意义,很难调动起青少年的消费欲望和购买冲动,也难以构成青少年身份认同的现实资源。当前各种符号化的商品之所以能够得到广大青少年的疯狂追捧,一个重要原因就在于当代媒体在商品符号呈现方面的影像化特征,大大调动了青少年各种感觉通道的参与,从而极大地增强了商品符号世界的真实感和可亲近性。

以电视广告为例,青少年在观看广告时,其视觉和听觉通道同时被激活,进而容易产生"触觉感受",即所谓的身临其境之感。这种对影像符号的身临其境之感,在以电脑为主要代表的多媒体世界中表现得更为明显。多感觉通道较之单一感觉通道,更易于使青少年认可和接受各种商品符号信息所营造的文化意境。现代大众传媒以其强力而富有变化的制作手段,在超高速跨地域传播商品信息的同时,通过听觉和视觉的影像化处理,使青少年在同一瞬间在听觉和视觉等多个方面获得了有关商品各种符号信息的刺激,进一步强化了青少年对于该商品的迷信与醉狂。

这在各种青少年偶像所代言的商品广告中表现得十分明显。

例如周杰伦代言的中国移动"动感地带"品牌广告。在广告中,"动感地带"这一移动通信品牌利用青少年所崇拜的偶像对于该品牌的示范性认同,以及具有流行色彩的背景音乐的烘托,在视觉和听觉等各方面向青少年传递着该品牌的文化宣言:年轻、自我、酷、炫,我的地盘我做主。通过这种影像化的商品符号信息传递,青少年获得了对该产品的一种全方位感知,并在这种感知中实现了一种身临其境般的消费体验和自我认同的替代性满足。这不可避免地带来青少年身份认同方面的感性化特征。

从认知以及思维方式而言,青少年正处在一个从形象思维向抽象思维迈进的关键期。童年时代的形象思维依然对青少年感知世界以及自身的方式有着重要影响。商品信息的影像化满足了青少年对形象思维的依赖和眷恋。在各种影像化的商品符号信息中,由商品所建构的各种影像在某种程度上成了青少年自我欲望和身份的投射,通过各种符号化的消费行为,实现着其欲望的替代性满足。这一方面构成了青少年展示自我青春美的重要途径,另一方面也带来了青少年身份认同的感性取向。当这种感性取向沦为一种简单的感官愉悦的时候,它将不可避免地走向肤浅与庸俗,甚至恶俗。这在当前的一些所谓"搞笑"类节目中并不鲜见。

(四) 符号消费信息的"内爆"与青少年身份认同

当前,符号消费信息的一个重要特征就是"内爆"现象的出现,主要表现为一种真实与虚拟之间边界的消弭。① 波德里亚认为,在由现代传媒所营造的各种影像化的符号消费信息之中,各种商品符号日益脱离其现实所指的意义限制,逐渐获得一种自我复制和繁衍的功能。商品的使

---

① "内爆"(implosion)原本是一个与"外爆"(explosion)相对应的物理学概念,表达的是"一种向内的聚爆过程。"这一概念被 20 世纪两位重要的媒介思想家引入到对信息化时代电子传媒的分析之中。在麦克卢汉那里,"内爆"主要强调的是电子传媒时代人们在感知方式上与文字印刷时代的区别。而在波德里亚那里,这一概念被进一步地激进化处理,成为对整个社会现实进行描摹的分析概念。参见:王治河. 后现代主义辞典 [M]. 北京:中央编译局出版社,2004:470.

用价值消退了，由符号消费所构建起来的各种拟像把世界变成了一种超真实的存在。

在这种超真实的社会中，模型与现实的区别已经消弭，社会完全"内爆"，成了一个所谓的"符号制造术社会"。"如果你被各种类像包围，就像置身于一间装满玻璃的房子，现实也就不存在了。如果一切都是类像，那么原本也只不过是类像之一，与众没有任何的不同，这样，幻觉与现实便混淆起来了，你根本就不会知道你究竟处在什么地位。"（杰姆逊，1997a)[219]这种符号消费信息的"内爆"在当前的各种商品广告中比比皆是。各种广告的动人之处不在于其对该商品使用价值的说明，而更多地在于它为消费者所描绘的所谓的理想、幸福的生活样态。在这种影像信息中，现实的生活永远是不完美的，只有由各种商品所建构的符号世界才是完美的。因此，"内爆"了的符号消费信息总是以一种诱人的图景对人们的消费欲望，以及个人的自我形象、社会归属、生活方式等方方面面进行一种无言而又难以抗拒的劝诱。

沉浸在各种拟像世界中的人们，已经很难对真实生活与符号影像世界之间的区别作出理智的判断。在其看来，各种商品所建构与传递出来的符号世界才具有真实性，当下的现实生活则由于其不完满性而不断被人们抛弃，而人则投入到对各种商品符号的消费洪流之中。在这样一种"内爆"的生活景观中，不仅真实与虚拟之间的界限消弭了，而且各种传统形而上学关于崇高与庸常、精英与大众、神圣与世俗、阳春白雪与下里巴人之间曾经严格的边界也统统不存在了。这种社会生活的全方位"内爆"对于青少年的身份认同具有强大的冲击力。这一方面表现为青少年对于真实自我与虚拟自我以及历史自我与现实自我、将来自我的认识的"内爆"，另一方面表现为青少年身份认同空间与资源的革命性变革。

首先，符号消费信息的"内爆"在很大程度带来了青少年身份认同的"内爆"，这种身份认同的"内爆"主要反映为青少年对真实自我与虚拟自我以及个体与他人、社会之间关系的错位体验。这种错位体验的产生，"对置于电子媒介交流中的主体而言，客体则倾向于变为能指流（flow of signifiers）本身，而不会变成语言所表征的物质世界。在信息方式中，主体要想辨明能指流'背后'的'真实'存在已经越来越难，甚至可以说毫无意义"。这种"内爆"的符号消费信息"因数据库而被多重化，被电脑化的信息传递及意义协商所消散，被电视广告去语境化（de-contextualized），并被重新指定身份，在符号的电子化传输中被持续分解和物质化"。(波斯特，2000)[24-25]

以青少年的偶像消费为例。当前青少年的偶像消费具有明显的虚拟性特征。一方面，青少年所消费的偶像中出现了越来越多的虚拟人物。由于数码技术的发展和视觉文化的兴盛，大众传媒打造出了越来越多的由数码科技制作的虚拟人物，这些虚拟人物借助动漫、网络游戏等新媒介进入到青少年的日常生活中，成为其偶像消费的新宠，如李逍遥，奥特曼①等。另一方面，这种虚拟性还体现在青少年认识偶像的途径上。当代大众传媒所塑造的偶像几乎都是远离现实生活的"王子"与"公主"。偶像所生存的媒介世界与现实生活世界具有很大的不可通约性。因此，青少年对媒介所展现的偶像生活，往往只能通过一种非现实化的途径才能加以体验。而互联网的发展无疑为青少年体验这种童话般的生活提供了绝佳的平台。

在这种虚拟的媒介世界中，青少年可以一厢情愿地实现其与偶像谈话、合影乃至结婚的种种愿望。这种虚拟化的偶像消费使青少年容易产生超现实的情感体验，并且在这种情感体验中混淆"现实自我"与"理想自我"的差别，发展成为像美国心理学家霍妮所说的那样，"在追求虚幻的理想自我的同时，会夺取和耗损建设性的力量，从而疏远和脱离真实自我"，"结果丢失了生命的自发力，丢失了人生的目标，找不到人生的目标"。(霍妮，1996)[93-94]这种情况容易使青少年迷恋和向往远离现实的人格形象与生活方式（如"过偶像剧那样的生活"），沉浸在自我的幻想世界中，分不清什么是现实，什么是想象，进而影响正常的学习和生活。如有媒体报道，兰州女青年杨丽娟苦恋刘德华成痴，12年里她不仅荒废了学业，而且倾家荡产，甚至杨父准备去卖肾帮女儿圆梦。最后杨丽娟和父母不惜借高利贷远赴香港，终于见到了"朝思暮想"的偶像刘德华，却因为没有单独面谈，杨父愤而写下10页遗书后跳海自杀身亡。杨丽娟要求再次面见刘德华被拒绝后，精神已接近崩溃的边缘。

---

① 李逍遥是网络游戏《仙剑奇侠传》的主人公，奥特曼是日本动画片《宇宙英雄奥特曼》的主人公。

其次，由符号消费所引起的信息"内爆"导致的整个社会生活的全方位"内爆"在很大程度上改变了青少年身份认同的社会空间与文化资源。在很长一段时间里，包括身份认同在内的青少年社会化所依据的社会文化资源，主要由年长一代的成年人所提供。因此，青少年的身份认同主要在一种继承性的认同框架之内进行，表现出明显的依附、被动的价值取向。在这种认同框架之内，青少年与成人之间的界限是泾渭分明的。成人由于拥有使青少年身份合法化的话语和文化资源而较之青少年更具有权威性。另外，社会主导文化、精英文化与成人文化之间也具有较大的同质性。在某种意义上，成人文化几乎都是特定社会主导文化和精英文化的具体体现。因此，以成人文化为身份认同主要合法资源的青少年，他们的自我认同与社会认同是在一种体制内的框架之下进行的。那些冒犯社会权威、寻求体制外的身份认同的青少年，无一不被加诸"离经叛道"的社会标签，更为严重的则会受到体制力量的强烈镇压。但是，往昔青少年与成年人、体制内与体制外的界限划分，在日益"内爆"的社会中已经逐渐失去了其边界意义。

当前社会"内爆"的突出事件就是大众文化的蓬勃兴起，冲击着主导文化、精英文化在社会意识形态中的主宰地位。由此带来的结果就是经典的衰微和戏仿文化的兴盛。这样青少年身份认同的社会空间和文化资源发生了新的变化。这种变化主要体现为：①青少年身份认同的社会空间和文化资源空前变大，他们赖以发现自我、成就自我的社会资源不再仅仅依靠成人社会的供给。大众文化成了青少年身份认同的新的文化资源。②青少年身份认同的范式逐步从依附、被动走向独立、自主。关于这种变化，我们可以通过青少年对各种传统经典文化的消费现状来进行说明。在当代青少年中，出现了一种对经典文化的快餐式消费。在这种消费过程中，经典本身的历史性、崇高感、悲壮美等传统符号意义已经被抽空，置换成了一种戏谑式的搞笑文本。从《大话西游》到日前在网络上炒得沸沸扬扬的《Q版语文》，无不体现了经典文本的娱乐化命运。而青少年对这些文本的痴迷与追捧，则在很大程度上反映了年轻一代不同于其父辈的审美趣味和价值取向。在这种"内爆"了的文化语境中，禁忌纷纷被打破。青少年由此找到了一种可以突破社会主导文化、精英文化限制的认同资源，并在这种资源的武装下，以一种挑战者的姿态小心而又大胆地冒犯着代表社会权威的经典,以此来宣告自己存在的价值。

符号消费信息的"内爆",一方面为青少年挣脱传统力量的束缚,谋求其社会存在的合法性以及塑造个性风格等提供了具有冲击力的文化资源,在某种程度上有利于其创造才能的释放。另一方面,任意篡改经典的符号意义,甚至将其演化为一种搞笑、戏谑式的娱乐文本的做法,不利于青少年自我的发展,容易使其养成一种无政府主义的人格特征,如为所欲为、缺乏敬畏之心等。

二、符号消费的时尚性与青少年身份认同

符号消费作为一种意义或象征的消费,更多地表现为一种视觉文化。它既需要一个文化空间来展示其所内含的各种品位、趣味等身份要素,也需要能够对这些内含于商品之中的象征意义进行解读的观众。在此,时尚扮演着十分重要的角色。一方面,时尚从来就不仅仅是一种单纯的个人生存美学,它总是包含着有关个人的众多的结构性信息,如个人的阶层归属、文化层次等。另一方面,时尚本身就是一种视觉文化,其目的是"引人注目"。因此,"时尚是在视觉条件下的一种意义传递行为,是人通过物的占有转向意义再生产的过程。一个人之所以会有对时尚的追求和冲动,说穿了就是想要拥有一种有意义的视觉符号,并将这种意义显示给别人看"(周宪,2005)。由此可见,时尚本质上是一种符号及其意义的展示、解读和认同的结合体。时尚的这一本质特征使其与符号消费和身份认同之间具有某种天然的联系。

从社会学的角度看,个体的身份认同是经由许多社会化的机制塑造的。其中较为重要的机制有语言、行为、交往等。时尚凭借着其所包含的身份信息以及可以辨识的外在特征,对于一个人的外在形象和精神气质发挥着直接的形塑作用。因此,时尚也构成了个人认同的重要机制。

芬兰社会学家尤卡·格罗瑙(Jukka Gronow)认为:"时尚机制是迄今为止现代消费中最主要的标准制定者,它为仍然可以自由选择和利用物质世界来帮助自己建立和表达自己身份的消费者提供引导和导向模

型。"（格罗瑙，2002）[120]个体有选择地认同某种时尚，也认同了这种时尚所代表的审美趣味，同时也就认同了由该时尚所建构起来的社会群体和生活方式。但是，这种认同绝不意味着一种简单的同一和归属。在某种意义上，个体在谋求时尚认同的同时，也对复杂多样的时尚符号体系进行了区分与归类。在这种区分与归类中，个体找到了自己所归依的时尚类型，以及在这种时尚类型中自己所处的地位。

这实际上表明，时尚不仅仅是主体对客体世界的一种单向、被动的归属，而且包含了主体对客体世界的一种自主设计和营造。因此，"时尚的选择过程既是归类过程，又是区分过程，是认同与建构、同化与分化同时展开的过程。在这个过程中，时尚的追逐者类似于福柯所说的个体既成为权力的对象又是权力的载体。同时，时尚的分类和对分类的认同选择过程又是一个十分重要的心理过程，在这个过程中，个体通过选择某种时尚既获得了一种身份的认同感和确定感，又产生了心理上的满足或归属感，同时获得了一种安全感和分享感，获得了克服孤独和社会交往的沟通感，感到自己是这个社会某一群体的一员。这正是一个身份建构的过程，是自我的发现和确认"（周宪，2005）。

当前，符号消费的一个重要特征就是它的时尚化，其突出表现是符号消费的流动性、先锋性以及对品位和风格的强调。时尚化的符号消费为个体的身份认同提供了一个新的社会舞台。在这个舞台上，个体的身份认同得以建构、展现并被他人及社会所解读。

对于青少年而言，时尚化的符号消费所具有的新奇性与其求新求变、追求个性的心理特征不谋而合。在很大程度上，青少年天然地与时尚具有某种内在联系。总体上而言，时尚是青少年通过符号消费达到身份认同的最直接的表现形式。通过时尚，青少年向他人与社会表明自我存在的价值与理想；通过时尚，社会和他人也得以窥见青少年成长的特殊需求。在这种时尚化的符号消费中青少年所要建构的身份认同，依赖于时尚自身所具有的特点。其中，时尚的流动性与先锋性无疑具有十分重要的意义。前者反映了青少年在通过符号消费建构身份认同方面的"求新"心理，而后者则更多地反映了"求奇"的文化诉求在青少年身份认同中的重要作用。

（一）符号消费时尚的流动性与青少年身份认同

时尚就像一张珀涅罗珀之网①，是一件永远完不成的工作。时尚的悖论在于，当时尚作为一种流行文化在大众中广为传播并被大量模仿的时候，也就意味着这种时尚的日常化与庸俗化，从而使它不再是一种时尚。这时候，一种新的时尚风格又会由于极少数具有社会影响力的公众人物，如各种明星、政治领袖、成功人士等的发起和倡导而开始蔓延。在大众传媒的不断鼓动下，这种新的时尚得以在社会全面渗透，越来越多的人卷入到对新时尚的追求之中。这样，新的时尚得以普及，并在普及的过程中逐渐消亡。时尚没有终点，当它停滞于某一点的时候就意味着它的死亡。这构成了时尚不可逃逸的宿命。由此可见，时尚是一股涌动着的消费潮流，它的生命力就在于不断地自我否定。这种否定既是时尚发展的内在动力，也是其得以辨识的重要表征。这使得时尚永无止境，流动性永远是其存在的第一要义。时尚的流动性是由一系列纷至沓来却又转瞬即逝的流行潮流组成的。因此，与时尚的流行性相伴随的总是某一具体时尚的短暂性。时尚的这一特性在很大程度上构成了当前符号消费的重要征候。

在日益商业化、影像化的符号消费中，商品的符号价值无限演绎。商品广告的营销策略正日益诉诸消费者的内在消费欲望，逐渐从一种功能性的介绍转向一种象征性的劝诱。这就需要不断地赋予商品各种新的、时尚的文化内涵和象征意义。在这一过程中，日常、平庸的商品由于得到了商家以及文化媒介人的包装而变得杰出、高贵。但是，这种对商品符号意义的外在植入本质上是一种商业行为，这就决定了商品与它所宣称的意义之间的联系是一种任意的、人为的后果。一旦这种意义不能承担起调动消费者消费欲望，促进消费者购买行为的作用，它必然会被一种新的，对消费者更具诱惑力和说服力的意义所取代。因此，在消费社

---

① 在古希腊神话中，珀涅罗珀是奥德修斯忠贞的妻子。奥德修斯外出二十年未归，泊涅罗珀相信他一定会回来。在这期间，为了谢绝求婚者，她推辞说要给奥德修斯的父亲织寿服（珀涅罗珀之网），待织成之后，才能作出改嫁的决定。为了拖延时间，她白天忙着织网，晚上又把白天织成的东西拆掉。

会，商品的符号意义不可能是恒久的、固定的，它需要不断地革新以迎合消费者日益挑剔的目光。消费者对某一商品的审美疲劳对商家而言无疑是一种灾难，化解这种灾难的现实做法就是在商品的符号价值方面不断推陈出新。这恰恰是时尚的本质属性。正如格罗瑙所言，现代消费社会的主要特征是时尚的范围和社会影响力已经大大增加了，这个社会中新的大众趣味产生和消失的速度越来越快。高雅趣味总是在被另一新的高雅趣味所取代，这就在一个不断个性化和审美化的现代社会中形成具有魅力的时尚新潮。时尚转变越快，它就越发具有活力和魅力。（格罗瑙，2002）[95-96]

不可否认，时尚在特定时期下会表现出某种程度的循环再现的特征，但就时尚出现的特定语境来说，"新"是时尚的必要条件。即使是那些怀旧式的时尚，其对早已消逝的生活的怀念，对当代人来说也具有新的含义。因此，新潮、新奇、新颖从来就是时尚变化的内在动力。坎贝尔认为，时尚中的"新"有三层含义：第一是新事物，它与旧的、磨损的或过时的东西相对；第二是新发明，涉及产品的效率和技术能力；第三是新奇或不熟悉，纯粹是经验上的。因此有了三类对应的追新族。第一类是喜好完好无损新东西的人，他们喜欢住新房子，开新车子，穿新衣服等。物品稍有旧痕便丢弃，转而买新的。第二类追新者着迷于最新的设计、技术和发明，他们对新技术狂热崇拜，人们通常所说的发烧友正是这类人的典型。第三类追新者是爱好新奇、奇特和古怪事物的人，他们期待着种种从未有过的东西和刺激，对任何熟悉的东西都提不起精神。按照坎贝尔的看法，"正是这类消费者有可能对现代消费主义贡献出最强的动力，因为，对时尚的高度敏感造成了新需求的快速转换和持续出现"（坎贝尔，2003）[277]。

根据坎贝尔的这一划分，我们也可以对青少年在符号消费与身份认同方面的求新特征进行一种类型解读。从当前青少年求新的符号消费中不难看到坎贝尔所区分的三类追新族的身影。首先，就第一种类型的追新族而言，"新"是其衡量事物的基本标准。具有这种消费观念的青少年，重视的往往是产品本身的新旧程度。对于他们而言，"新"意味着富足与优越，而"旧"则代表着贫穷与落后。因此，通过对新事物的不断占有和对旧产品的不断抛弃，可以向他人和社会展示其社会地位的尊贵，从而获得一种与其身份相匹配的社会荣誉,如他人的艳羡等。这种以事物的新旧程度作为身份认同重要机制的做法,本质上是一种"炫耀性消费"。由于过度关注产品表面的新旧特征,因而难免沦为一种"为新而新"的肤浅。

> 我初中的时候有一个同学,她的每双鞋都是假的①。但她老不断地换,我们都觉得她还不如把这些钱攒起来去买一双真的。但她不在乎是否是真的,她就是喜欢不断换鞋那种新鲜的感觉。而且别人远远看着也不知道是不是真的,反正她的鞋子看起来都是很新的。
>
> (访谈对象:北京某中学高中生,访谈时间:2007 年 7 月 2 日)

> 我就是喜欢购买一些新鲜、时尚的东西。新的东西看起来让人觉得很舒服,而且也能跟上潮流。特别是当其他人都没有的时候,那种感觉超爽。有一次,我爸到美国出差,给我买了一双最新款的限量版 NIKE,我穿去学校引起了不小的轰动。特别是我的那群死党们,眼馋得不行。还说要跟我换鞋穿几天。呵呵,想得美,我才不会换呢。那几天的感觉真是很爽。
>
> (访谈对象:北京某中学高中生,访谈时间:2007 年 7 月 2 日)

第二种类型的青少年在对"新"的界定上不同于第一种类型青少年的地方在于,前者更为看重该产品所包含的技术内涵及其与个人的品位、兴趣等的内在关联。对于他们而言,一种东西即使很新,但如果缺乏技术含量且与自己的品位、兴趣不匹配,那么他们也不会去追求这种所谓的"新"。因此,从这个角度而言,第二类青少年较之第一类青少年更注重"新"的内涵。我们可以从各种类型的青少年发烧友对自己所钟爱产品的忠诚上看到这一点。以青少年中的"鞋狂"为例。虽然这些对运动鞋痴迷的青少年也会关注新近出产的各种新的鞋型,在行为表现上也会为了购买新鞋而想方设法。但是,他们迷恋的不仅仅是运动鞋本身新的外表。而更为看重鞋子自身所包含的技术魅力以及文化内涵。对于这些

---

① 指名牌鞋的仿制品。

青少年而言，鞋是一种功能性产品与符号性产品的绝佳结合体。在某种程度上，他们更为看重鞋子的文化内涵。在某些情况下，他们甚至为了鞋子的符号价值而牺牲其使用价值。在访谈中，一些青少年对于他们所收藏的鞋子的款式、类型、历史及各种与之有关的事件都如数家珍。

第三种类型的青少年对于时尚产品的界定，突出了产品本身所体现出来的社会震撼效果。这种震撼效果的取得，大多源于个体在消费方面的非常规化设计。所谓非常规化，就是不按常理出牌，在服饰的选择和搭配上力求醒目、突出，而较少考虑自我的装束本身是否符合传统的审美规范和社会习俗。在很大程度上，对于规范的背离是这类消费的突出特征。一些青少年在服饰搭配方面的"朋克"①（Punk）风格，可以看作这类时尚消费的典型代表。其特点是发型奇异，比如鸡冠式或者某些部位剃光，头发一般染成刺眼的红色、蓝色、绿色等，身上一般穿着黑色的皮衣、皮披风和高帮皮靴。所佩戴饰物多为金属质地，如金属项链，大得夸张的金属戒指，有很多金属拉链的军用背包、皮衣等。"朋克"风格的造型看起来常给人一种邋遢懒散的印象。通过这样一种另类的形象塑造，青少年诠释着他们对时尚之"新"的理解，并在这个过程中演绎着他们对某种生活风格、理想与信念的执著。关于这一点，后文将作进一步的论述和说明。

不管青少年在以上三种类型的时尚消费中表现出何种特点，对于"新"的追求无疑是其共同的特征。青少年作为一个不安于现状的年龄，对新事物总是充满着极大的热情与期待。相对于成人而言，青少年本身即是一种"新"的存在，在很大程度上代表着社会的希望与未来。正因为如此，青少年作为一个独立的社会类型被社会所承认，并不仅仅是基于年龄这一生理性因素，更重要的在于它代表着一种社会文化。从这个

---

① "朋克"起源于20世纪60年代初的英国，最初是一种具有叛逆性的摇滚音乐类型。这种音乐提倡简单，不刻意雕琢，反对当时的音乐流行化和偶像歌手，体现下层社会的现实等。这种音乐很快发展成为一种文化，主要是反对越来越物质化的社会，并宣扬无政府主义。这种文化的拥护者亦被称为"朋克"。"朋克"的服装风格来自于其反主流的精神。他们瞧不起那些每天穿得干净整洁，工作挣钱，买车打高尔夫的人。在很大程度上，他们"以丑为美"，不洗澡，住在破房子里，故意佩戴一般被认为丑的饰物，用破旧的物品来提醒社会：不是所有人都一样，不是所有人都认同社会主导的价值观。这种风潮在当时特定的历史背景下，在欧美地区都得到了大量青少年的效仿，最终形成一种"朋克"运动。

角度讲,"新"既构成了青少年当下存在的合法性根基,也构成了其与社会其他人群得以区分的重要标志,以及他们自身身份认同的重要途径。

青少年由于价值观念、审美趣味等正处在一个从感性到理性的转变时期,他们对新事物的理解与追求难免会有重外观而轻内涵的倾向。但是,"新"之于他们而言,绝不仅仅是一种外在的感官愉悦。在很大程度上,"新"是一种内在的心理满足。新东西之所以使人感到满足和惬意,乃是由于其带来了某种附加的文化意义和内心体验。拥有、使用并且展现新的事物,意味着跟上了时代新潮,这是一种身份的标志、年轻的象征,是个体对自我社会形象和角色的划定。用费斯克的话来说,在意识形态层面上,对新事物的欲求的根源可以追溯到进步的意识形态。将时间看成线性的,发展前进就意味着变化。(费斯克,2001)[44]

时尚之新是以其不断流变为前提的,这就使得时尚中的新与旧之间存在着明显的断裂。在商业化的作用下,时尚的流变更为迅速、多样,甚至有些让人目眩神迷,难以企及。"时尚的本质存在于这样的事实中:时尚总是被特定的人群中的一部分人所运用,他们中的大多数只是在接受它的路上。一旦一种时尚被广泛地接受,我们就不再把它叫做时尚了。"(西美尔,2001)[76-77]这样,以时尚的流动性为重要载体的符号消费对于青少年的身份认同而言,除了具有一种突破常规、推陈出新的积极作用外,一个不容忽视的问题是,它在很大程度上改变了青少年身份认同的历史感,使青少年对身份的稳定性的认识趋于片段和零散。

在符号消费的时尚世界里,商品的符号意义永远是变动的、流淌的。商品的"所指仅仅是无休止的指意(signification)过程中的一个瞬间,在这个过程中,意义并不是在主客体间的稳定的指涉关系中生成的,而仅仅是在所指的无限的、模棱两可的游戏中生成的。用德里达的话说:'意义的意义是能指对所指的无限的暗示和不确定的指定……它的力量在于一种纯粹的、无限的不确定性,这种不确定性一刻不息地赋予所指以意义……它总是一次又一次地进行着指定和区分'"(凯尔纳,1999)[26-27]。因此,以这种时尚化的符号消费为重要身份认同机制的青少年,总处在一种疲于拼命的认同状态。

对于青少年而言,"今天已经没有风格,有的只是种种时尚"(费瑟斯通,2000)[121]。在尚未与一种商品的符号意义建立起稳定的身份关联之前,一种新的、更时尚的商品又涌现出来，向青少年诉说着一种新的、更迎合自我个性和身份定位的符号世界，从而不断地诱导他们投入到源源不断的消费潮流之中而不可自拔，导致青少年在时尚化的符号消费中难以获得一种具有内在意义的、稳定的自我认同。这在当前青少年不断追逐明星的消费行为中表现得很明显。实际上，现在很多所谓的明星都是商业包装的结果。在包装某一明星时，商家都会为其注入某种符号象征意义，以满足特定目标群体的消费需求。一旦青少年对某一种风格的明星产生审美疲劳，商家要么赋予明星新的文化内涵（当前娱乐界明星中流行的各种所谓的转型，其本质就是一种商业的重新包装和炒作），要么通过包装新的明星来取代旧的明星。通过新的意义的不断注入，层出不穷的明星极大地激发了青少年的消费欲望。因此，试图通过时尚的方式谋求身份认同，对于青少年而言是一个永远没有终点的征程，永远处于一种"在路上"的追求状态。或许，这种"在路上"的状态就是对青少年身份认同的最好写照。

（二）符号消费时尚的先锋性与青少年身份认同

在时尚化的符号消费中，先锋性无疑是其重要的表征之一。先锋最初作为一个军事术语，是指一支武装力量的先头部队，其任务是为这支武装力量进入行动作准备。当先锋这一军事术语转变为一种文化和文学艺术术语的时候，其含义发生了深刻的变化。在文化艺术领域，先锋意味着反对传统文化，刻意违反约定俗成的创作原则及欣赏习惯。时尚中的先锋，秉承了其叛逆的文化渊源，通常展示为一种突破常规的前卫。当然，并不是所有的时尚都具有前卫性的特征，但是，前卫无疑是时尚的重要组成范畴和表现形式。在时尚化的符号消费中，先锋或者前卫意味着一种文化资源。通过对这一资源的占有和展示，一些人得以标榜其在时间上的优先性、空间上的独立性以及社会关系上的自足性。

在凡勃伦和齐美尔关于时尚的经典论述中，时尚的诞生几乎均是源自下层阶级对上层阶级的生活方式的效仿。也就是说，上层阶级在时尚的形成方面总是处于一种领导者的地位，规定和制约着时尚的内容和形式。下层阶级往往只能疲于拼命地追赶上层阶级所营造的各种层出不穷的时尚。这种自上而下的时尚形成模式,在20世纪60年代受到了反主流文化运动的挑战进而发生了重要变化。其中的一个重要后果就是形成了一种与自上而下截然对立的自下而上的时尚形成模式。这种自下而上的时尚形成模式往往呈现为对上层阶级(尤其是中产阶级)平庸生活方式的反叛,其中,嬉皮士运动就是这种模式的典型代表。英国社会学家坎贝尔认为,在20世纪60年代,时尚经常源自反主流文化,那是一场自觉的运动,它既反对传统价值和既定的观念,也反对市场意识形态,"为了代替这些传统观念,反主流文化主义者提出了个体自我表现和自我实现的核心原则,并且对直接经验、个性、创造力、真实的感觉和快感等赋予了特别价值"(坎贝尔,2003)[280]。这种自下而上的时尚追求的是一种艺术家式的生存方式,体现的是一种浪漫主义美学观念和一种自由的、个性化的审美生存方式。在普遍性与个别性的关系上,自上而下的时尚偏重于普遍性一极,因此,它具有维系与强化现有社会关系和价值观念的功能,是现存社会秩序的再生产。而自下而上的时尚即反主流文化的时尚则更加偏向于个性化和个体化一极,因此,它具有某种颠覆性、反叛性和破坏性,是对现存社会生活方式、价值和伦理的有力冲击。(周宪,2005)由此可见,时尚蕴涵着重要的文化资源。这种文化资源成了肯定与否定、规训与反叛的重要角力场。而这种文化资源的显现,大多通过先锋或前卫这样一种带有某种社会隐喻色彩的符号消费展现出来。

时尚的这一特性对于正在成长中的青少年而言具有致命的诱惑力。一方面,青少年是一个不甘于平庸的年龄,对未来的无限幻想是其青春激情的重要体现。因此,求新、求奇构成了他们展示生命力量的重要价值诉求。另一方面,青少年又是一个内心振荡、身份流动的年龄。未来的开放性赋予了他们极大的可能性。一切的未定型化既给予了他们发展的激情,又在很大程度上带给了他们自我的困惑、迷茫与焦虑。而家庭、学校、社会对青少年的种种规训与约束,在某种程度上则强化了他们青春期的叛逆心理,他们渴望一种属于自我的独立与精彩。于是乎,时尚的先锋与前卫既构成了他们肯定自我、展示自我、标榜自我的重要舞台,也构成了他们在成人社会中谋求合法化地位的文化与话语资源。

对于青少年而言,"酷"作为一种先锋性的时尚文化,与青少年一系列的符号消费行为紧密联系在一起。2003年,世纪蓝图市场研究与营销顾问公司在青少年中开展了一项有关青少年消费、娱乐与媒体环境的研究。在该研究中，研究者通过一道有关"酷"的开放题，收集到了"酷"在青少年心目中的几种主要意象。

1. "酷"是一种个性。
- 有个性，待人处事方式与众不同，有自己的立场。
- 酷即是有自己的个性、见解，举止行为带有一种别人没有的气质和风度，接近帅。
- 并非十分时髦，但十分有个性，有时很丑也很怪。与众不同，创新的。
- 酷没有标准，依各人想法而定，一般是指比较好的、较有个性的、比较走向极端的东西。

2. "酷"是一种前卫。
- "酷"的意思应是比较流行、比较有趣、高尚的。
- 前卫、流行、靓。
- 爱赶潮流。
- 可能是比较有型、前卫，很有潮流的意思。
- 比较适合当今年轻人的口味，带领时尚潮流。

3. "酷"是一种潇洒。
- 我认为对人物来说"酷"就是帅，他（她）做出来的动作非常吸引我，他们的谈吐幽默，不粗鲁，笑起来不会太夸张，他们在衣着方面应该是随着时代潮流。
- 酷就是"cool"，很不错的一个 adj，通常形容男人的长相或穿着，cool 在英文中是冷的意思。通常一个男性长得不错，但不奶油，或某人穿着很时尚很惹眼，有时也形容别人看人的眼光锐利深沉（帅哥帅妹的眼光），通常不形容普通人。

4. "酷"是一种气质。
- 我认为"酷"就是外表很帅，平常不苟言笑，看上去很冷淡，好像对周遭的一切都漠不关心，像一座冰山。内在有十分丰富的知识与内涵，很有才华，平时不炫耀，如同一个深藏不露的高手。
- 处事冷静，表面较冷漠。

● 面部表情不会笑，不经常说话。

资料来源：世纪蓝图. 青少年的消费、娱乐和媒体环境［EB/OL］.［2007-02-03］. http://www.gznet.com/weekly/030703/cover6.htm.（引用时有删节，对标点符号和错别字略有修改）

不管青少年对于"酷"的定义存在怎样的差异，贯穿于"酷"之中的一种核心精神就是独立、个性与创新。从上面青少年对于"酷"的解读中，我们不难发现符号消费在其中所扮演的重要角色。作为当代青少年人气偶像代表之一的潘玮柏，将其2007年的新专辑命名为《玩酷》。用他的话来说，"'玩酷'的意思是不必刻意地去耍酷，重要的是以玩乐的快乐心情去努力做好每一件事情，因为认真的男人才是真正的酷。""酷"与商品联姻使得青少年在消费这种商品的时候，不单纯是实现商品的使用价值，还包含着对与这种商品联系在一起的"酷"文化的憧憬和体验。在塑造自己"酷"的形象方面，青少年大多选择从一个外在形象，特别是服饰方面的改造做起。除此之外，在其他日常消费活动如运动、休闲等方面，青少年也刻意营造出一种与众不同的感觉。如对诸如滚轴溜冰、滑板、BMX（花式自行车）等能够使他们显得很酷的休闲运动情有独钟。

通过"酷"的包装，青少年获得了一种属于他们自己的文化资源。这种文化资源一方面成为他们在青春背景下的自我欣赏与表现，另一方面也成为他们向社会宣告自己存在的合法性的盾牌。在这一盾牌的掩护下，他们可以在成人社会的质疑、诧异，甚至误解、讨伐面前安之若素，自得其乐。因为，成人并不是当代时尚唯一的话语资源，青少年的审美趣味对于社会时尚的发展同样起着重要的作用。这种在时尚方面的代沟的存在，一方面使青少年感到无助，但另一方面又使他们感到安全，因为它确保了他们自我谋划、自我设计的必要空间。但是，青少年将时尚的先锋性作为文化资源，并以此在成人社会中谋求合法地位，其有效性是有条件的。其中一个最为关键的前提条件就是社会对时尚先锋性的合法性的确认。当前，时尚文化所具有的先锋性能够被社会所认可，一个重要原因就在于大众文化在当前社会文化结构中的独立地位。在本质上，当代时尚属于大众文化的范畴。

当前，大众文化作为一股新兴的文化势力，与主导文化、精英文化三足鼎立。大众文化在现代传媒与商业的共同谋划下，渗透于社会生活的各个层面，具有广泛的社会心理基础。在某种程度上，大众文化甚至僭越了主导文化和精英文化的疆域，成为主导社会文化生活的重要力量。因此，以这种文化形态为母体文化的时尚，无疑具有深厚的合法性根基。这就确保了青少年依据这种新的文化形态为自己谋求个性与社会地位的有效性。

不可否认，时尚的先锋性对于青少年在社会中表达自己的声音，谋求自我存在的合法性等具有积极的作用。但同样不可否认的是，一味强调时尚的先锋性与前卫性，容易走向一种乖戾的荒诞主义。例如前文提到的"朋克"，其精神内涵具有一定的现实性和进步意义，但是，这种精神的表达一旦在先锋、前卫的名义下走向了极端，过度强调其外在形象而疏于对内涵的充实，往往容易演变成为一种无政府主义的哗众取宠和大众闹剧，从而失去其应有的批判功能和积极作用。这一点对于青少年而言更具破坏力。

从身份认同的角度来看，这种破坏力主要表现为两种截然不同的社会态度和人格特征。一种是对社会现实以及传统的价值原则、审美取向、习俗规范等抱有强烈的抵抗态度，并通过各种夸张、怪异的服饰和言行举止来突显自己的美学原则与人生立场，表现出较强的反社会人格特征，如各种街角青少年①。另一种则是对各种主流的社会价值体系持一种敬而远之的冷漠态度，奉行"河水不犯井水"的处世原则，在自己划定的文化疆域内，自得其乐地消费自己的品位与格调而不在乎外在的评价。对于这些青少年而言，其人格表现出明显的犬儒主义的特征。不管是反社会抑或是犬儒主义，时尚消费的先锋性无疑是青少年赖以标榜自己的重要手段。因为先锋性赋予他们的符号消费行为合法性。这种合法性本质上是一种年轻的、浪漫主义的理想情怀，美妙而危险。

综上所述，符号消费的时尚化与青少年身份认同的关系，主要表现为这样两个互逆的过程。首先，从时间的角度看，时尚需要通过青少年去展示，以保证其得以流行，另一方面，时尚也证明着青少年的青春与

---

① 街角青少年主要指的是带有明显亚犯罪特征的青少年边缘群体。

年轻。时尚总是面临着过时,而青少年的最大优势就在于他们年轻。因此,时尚可以借助青少年而获得一种永生的力量,变得富有激情和变化。而青少年对各种时尚商品的符号消费,则是一种青春和年轻的宣言,它可以使得青少年在时尚消费中拒绝陈旧,彰显年轻的魅力。这就不难解释为什么年轻人往往是各种时尚的引领者和追随者。其次,从内容上看,青少年赋予时尚内涵,而时尚则回馈青少年以特色。青少年朝气蓬勃、意气风发、勇往直前的风格本质上是追求自我独立性的体现。这种追求往往反映为层出不穷的时尚运动。因此,时尚因为青少年的投入与消费而获得了一种"自我"的品格与内涵。与此同时,在时尚的旗帜下,青少年可以获得一种藐视权威、拒绝同一化的文化资本。这种资本的现实化就是青少年在各种时尚化的符号消费中独树一帜的先锋性特色。

三、符号消费的空间特征与青少年身份认同

符号消费作为一种意义或象征的消费,对于消费者而言,不仅具有一种内在指向的自我满足感,更为重要的是,它是个体内在认同框架向外展示、谋求更为广泛的认同与联系的重要手段。为此,符号消费需要一个能够使其意义或象征得以显现、传递的舞台。这个舞台的搭建,离不开空间的参与。符号消费的空间不仅仅表现为消费的位置和范围,还包括消费空间的各种关系及结构特征。在很大程度上,空间本身也具有一种符号化的特征以及社会区隔的功能。一个人消费的地点和范围,已经透露出了他的身份特征。因此,对于符号消费空间性问题的探讨,重点在于分析符号消费这一行动如何获得空间性以及获得怎样的空间秩序、关系和结构。套用吉登斯的结构化理论来表达,空间性既是符号消费的条件,也是符号消费的结果。这实际上表明:一个人的符号消费总是在一定的规则空间中进行,并受空间制约的,与此同时,空间中的秩序、关系和结构又被符号消费的行动所改变,生成新的社会文化和意义空间。

对于个体而言,"只有在一个总体化的体系中,才能确定某一对象的位置并确定它在这个体系中的地位。学会理解一种抽象的符号系统的意义和用法是文化发展与进步的结果,文化与人发展的历史就是以符号为

媒介的各种形态的文化空间不断扩展的结果"（孟鸣歧，2005）[189]。因此，对于青少年而言，他们必须了解特定文化空间中的各种符号信息，才能获得其符号消费行为的合法性。空间的重要性在于它既构成了青少年符号消费的外在条件，也构成了其符号消费的对象，从而成为青少年身份认同的载体和资源。在特定空间的庇护下，青少年可以自由地消费其所认可的商品，由此获得一种体制外的身份补偿。此外，从符号消费空间的角度分析青少年身份认同，一个必须注意的突出问题是，全球化的商品销售所带来的意义的跨地域生产与传播，在很大程度上改变了青少年身份认同的空间感和参照坐标。基于此，以下将主要从消费空间的符号化、符号消费的空间化实践与符号消费空间的脱域化这三个层面，来分析符号消费空间的特征与青少年身份认同的关系。

（一）消费空间的符号化与青少年身份认同

符号消费不仅仅表现为对单个商品符号价值的占有和展示，在一定程度上，它还意味着对商品空间的消费。一般而言，商品空间主要由两方面组成：一是各种商品的组合、陈列和摆放所组成的空间，一是商品销售的地点。商品与商品空间的关系如同词与诗的关系：虽然每个词都有其对应的含义，但是，由词所组成的诗构成了一个层次更高的符号体系，包含着更多、更深的文化信息。商品空间也是如此。虽然每一件单独的商品都具有其独特的象征意义，但是，由各种商品以一定的方式组成的商品空间则赋予了商品新的内涵，从而使商品空间表现出明显的符号化特征。这样，商品符号与商品空间的符号化就表现为一个互逆的过程：一方面，商品符号需要一个空间来展示，从而导致商品空间的符号化；另一方面，符号化了的商品空间则反过来使得陈列于其中的商品获得了新的意义。（王宁，2001）[159]这种现象在日常生活中比比皆是。如同样一件商品，摆放在路边小店与摆放在大商场销售，其所象征的符号意义是截然不同的。前者可能代表一种日常的价值取向，而后者往往由于摆放地点的改变而获得一种高贵的地位。因此，我们可以从一个人消费的空间大致推断其身份特征。

对于青少年而言，经济能力等因素的限制往往导致其实际购买力与购买欲望之间存在较大的落差。为了弥补这种落差所带来的心理焦虑，一些青少年，特别是女生，往往采取"window shopping"的策略来实现其消费目的，即只看（试）不买。对于很多女性青少年而言，逛街的目的往往不是购买实际的商品，而是通过逛的过程获得对各种商品一饱眼福的满足感，以及在此过程中获得各种新的、时尚的商品消费信息。因此，对于那些爱逛商场的青少年而言，商场就是一个符号社会的景观，琳琅满目的商品成为一道道赏心悦目的风景，不断勾起人的购物冲动。此外，商场以其面积和空间的"广大"来显示其所包含的商品的庞大数量，从而使消费者对商场空间产生一种类似于宗教徒在巨大的教堂里对上帝所产生的"敬畏感"——高大广阔的穹顶，安抚人心的音乐，专注的人群，这些元素都在无形中强化着商场作为现代人教堂的隐喻。消费作为一种意识形态、一种商品拜物教、一种信仰，强有力地包围着在商场中徜徉的现代人。与此同时，商场的设计和布置处处体现出一种由"奢华"所构成的高贵与优雅的氛围，从而使其中的商品获得了一种高贵的品位与社会象征意义。(王宁，2001)[159]由此可见，逛商场本身就是一种消费，是一种对商品空间符号价值的消费。在现代商场中，"梦境幻觉的运用，蔚为壮观的场面，折中混合的符码，这都引导着大众浮掠于大量的文化词汇，鼓励他们享受眼前的即时感受，并杜绝任何远距离观赏的可能；对情感的控制解除了，人们如同儿童般在那里漫游、溜达"（费瑟斯通，2000)[151]。逛商场成了一种休闲消费、体验消费和想象消费。

除此之外，现代商场对于青少年而言还具有另外的符号意义。首先，商场能够给青少年提供一种自由感。相对于家庭和学校对青少年在消费方面的各种限制，商场中的所有商品对青少年是完全开放的。他们可以凭借自己的喜好去自由地观看，试用各种类型的时尚产品而不必考虑来自家庭和学校的种种束缚。其次，商场可以成为青少年谋求心理平衡的空间。当代青少年由于在学业等方面承受着来自学校、家庭的各种压力，容易产生情绪低落等问题。而商品的开放性和丰富性，可以成为一些青少年特别是女生释放压力、舒缓情绪的重要场所。如一些女生在访谈中说道：

> 我平时都喜欢去一些大商场，像中友、君太之类的。在商场里看着模特身上漂亮的衣服感觉很舒服。虽然大多情况下我不会买东

西，但是在商场中我可以了解最近各种流行的款式。我不喜欢去那些小商场，感觉那些地方乱糟糟的，没有大商场那种气派的感觉。而且，大商场里还有休息的地方。特别是心情不好的时候，去逛商场可以让我忘掉不愉快的事情。呵呵，我还喜欢在商场打折的时候去消费一把，买一些平时买不起的东西。

（访谈对象：北京某中学女生，访谈时间：2007年7月2日）

访问者：你一般会去什么地方买东西？
被访者：一般去专卖店。
访问者：你觉得商店的地理位置、环境布置等会不会影响你的购买？
被访者：当然会。
访问者：比如？
被访者：可能店面小，觉得拥挤，服务员的相貌很丑，还有很讨厌服务员老跟在后面。

（访谈对象：安徽安庆某中学男生，访谈时间：2007年8月5日）

购物环境会影响我的消费。比如专卖店的设计和产品摆设就可以看出产品的好坏。我这个人比较注重细节。可能这个商品特别有知名度，但是如果专卖店的设计哪点不太好，我也可能放弃消费。

（访谈对象：河南新乡某中学男生，访谈时间：2007年8月14日）

消费空间的符号化带来的另一个后果是，青少年身份认同所面临的符号信息空前增加，这在一定程度上加重了青少年身份认同过程中的信息负荷。现代城市的突出特征在于其消费性而非生产性。"一个城市不仅仅是一块地方，而且是一种心理状态，一种主要属性为多样化和兴奋的独特生活方式的象征。"（贝尔，1989）[114]当前的城市已经演变成了一个大众消费的集合地。在这一空间中，人们总是时刻受到来自各方面的商品消费信息的包围。青少年也不例外。各种针对青少年的消费广告在广播电视、书刊杂志和互联网上比比皆是。以青少年为目标群体的消费广告和时尚杂志数不胜数。青春、年轻、时尚成为众多广告宣传的主要基调。

在城市青少年的生活中，充斥着各种炫目、诱人的时尚气息。各种新的消费潮流不断在城市兴起，而引领时尚潮流的往往是青春靓丽的影视明星。米尔格拉姆（Milgram）认为，现代城市人普遍面临着一种"心理超负荷"的状态，这种状态"指的是一个系统无力处理来自环境输入的信息：因为需要系统处理的信息太多，或者因为信息连续输入得太快，当信息B被输入时，信息A还没有来得及处理。当超负荷发生时，便会调适。系统必须确定优先秩序和作出选择……城市生活，像我们所经历的那样，构成了一个由冲突所组成的连续集合，并伴随着对超负荷的调适"（布卢姆，塞尔茨内克 等，1991）[789]。生活在消费信息密集的城市空间中，青少年不得不对各种符号信息进行取舍，从中选择出符合自己个性以及审美需要，并能够得到同伴认可的商品作为自己身份的标志物。而跟随潮流无疑是实现这一目的的重要手段。但是，对潮流的追求是以掌握大量消费信息为前提的，这就使得青少年不得不投入到对各种消费信息的追求之中，从而在无形中进一步加重了青少年符号消费与身份认同过程中的信息负荷。由此可见，消费空间的符号化对于青少年的身份认同而言具有重要的影响。

（二）符号消费的空间化实践与青少年身份认同

空间化实践（practice of spatialization）主要指一种社会行动，它包括两个层面的意思（王宁，2001）[240]：一是在动机上考虑某种行动所必需的空间因素，如"何处"、"在哪里"、"范围"、"障碍"等；二是在结果上导致某种空间秩序、关系或结构的再生产或改变。因此，所谓符号消费的空间化实践，主要是指这样一种消费行动，在这种消费行动中，消费者在动机上能够考虑消费的场所对其消费行为的制约性，即了解消费与空间之间的适切性。在此基础上，消费者能够根据一系列的策略性符号消费行为，在具体的实践交往中改变原有消费空间的秩序和结构，从而达到营造一种新的文化空间的目的。对于青少年而言，其符号消费行为也带有明显的空间化实践特征，主要表现为既在动机上考虑了空间的条件限制，也在策略上谋求一种通过改变空间秩序和结构来达到改变认同的文化空间的结果。

在当前青少年的符号消费中，重要的空间影响因素主要来自学校与家庭。这两种空间环境具有较大的同质性，即对青少年的符号消费行为具有较强的规定性和约束力。学校主要依靠一种制度化的力量，通过"学生"这一角色的规范要求来对青少年的各种符号消费行为进行控制和改造。家庭则主要依赖一种传统习俗的力量，以"好孩子"的角色要求来对青少年的各种符号消费行为进行劝说和调控。青少年的符号消费必须考虑到这两种文化空间的存在，如果其消费行为公然与这些空间的规范要求相抵牾，便会受到空间力量的压制甚至扼杀。一些学校拒绝着装不合规定的学生进入学校的强硬做法就是一个典型的例子。因此，青少年要想在制度化的学校空间中通过符号消费的方式谋求个性的展现，一个基本前提就是要对学校这一空间的规范要求有所了解，并在具体的消费过程中考虑如何避免与这些规范要求的正面冲突，这样才能确保其符号消费目的的实现。如有的学校规定学生到校必须穿校服，这时一些学生为了在不违反学校规定的前提下展现自己的个性和趣味，便通过在校服上涂鸦、对校服进行改造以及将个性化的衣服穿在校服之内等策略，寻求学校空间中遵守制度与追求个性的统一。关于这一问题，上一章已经作了详细论述，在此不再展开。

相对于学校控制的强制性而言，家庭的控制则较为宽松。特别是独生子女政策的实行，使青少年在家庭中的地位发生了很大变化。在很多消费问题上，青少年的意见对家庭的决策都有着重要的影响。虽然家长依然会根据传统的标准要求子女在穿着打扮、休闲娱乐、兴趣爱好等方面符合好孩子的角色要求。但是，这种要求大多是柔性的而非刚性的。因此，在家庭这种非制度化的空间中，青少年的符号消费具有较大的自由性。青少年在家中可以较为自然地展示其符号消费行为，而不需要过多的伪装。特别是在青少年自己的房间内，各种他们钟爱的物品基本上可以尽情展示。如很多青少年房间中贴满了自己喜爱的偶像的海报。因此，家庭成为青少年逃离学校约束，构建自我身份的重要空间。但是，青少年在家庭中的符号消费行为仍然是有限度的。过于夸张、乖戾、惊世骇俗的消费方式同样不为家庭所允许。而且，一旦青少年对各种符号化商品的关注影响到了其学习，那么，这种消费行为将会招致家庭的封杀。在很大程度上，家长对孩子符号消费行为的默许甚至支持的一个前提就是孩子必须搞好学习。

　　从以上分析可以看出,青少年在制度化或准制度化的空间中成功进行符号消费的前提,就是对空间中的规范文化的了解,以及在了解基础上有针对性地采取各种措施来避免规范的制约和惩罚,从而获得规范空间之内的、属于自己的个性空间。由此可见,青少年在制度化或准制度化的空间中进行符号消费的一个重要结果,就是在一定程度上改变了原有空间的秩序和结构,从而使自己独特的个性要求、审美趣味能够在体制内的框架中获得发展与展示的舞台。

　　除了通过各种策略谋求体制内的身份认同之外,青少年获得符号消费空间的另一个重要举措就是通过空间的转换来为自己创造一个更为宽广、自由的消费空间。如在放学回家的路上,青少年脱下校服,展示自己充满个性与时尚的衣着。一些女生结伴去各种以时尚、青春、前卫为基本审美基调的路边小店淘东西。那种只看(试)不买的过程甚至也成了消费行为的重要部分。一些男生甚至点起了在学校和家庭中被视为禁忌的香烟以标榜自我的成熟和"酷"。通过这样的空间转换,青少年既定义着空间的规则,也消费着空间自身。在这方面,网络社会的崛起无疑为青少年的各种符号消费行为提供了前所未有的自由空间,为青少年寻求身份认同搭建了更为宽广的平台。

　　首先,网络空间为青少年提供了各种符号消费的虚拟道具,通过对这些虚拟道具的消费,青少年可以想象性地实现其身份认同。在网络世界中,充满了各种诱人的符号化商品,青少年可以利用它们来尽情地构建其理想的个性特征和个人形象。如腾讯公司开发的"QQ空间",正在成为越来越多青少年展示自我、宣传自我以及与他人联系的重要平台。在"QQ空间"中有各种可供青少年自由选择的物品。(当然,这种自由也是有条件的,即必须拥有足够的QQ币。而QQ币的获取大多是以金钱来购买。)在属于自己的"QQ空间"中,青少年通过对诸如房子、家具、服饰等各种虚拟道具的购买和使用,自主地经营自己的品位、爱好,并向他人展示自己独特的生活风格,寻求网友的广泛认同。这种认同的突出表现就是"QQ空间"的点击率以及游客的留言。

　　虚拟网络空间中的符号消费虽然具有虚幻性,但是,它对于在现实生活空间中受到多种因素制约的青少年而言,恰恰给其谋求理想的身份认同提供了现实性。这种现实性的一个表现就是网络符号消费门槛的降低，使不同性格、不同阶层背景、不同民族的青少年都可以在其中寻求到自己的栖息之所。"网络消灭了一个清楚地识别公民身份的传统尺度。在普通的城市空间格局中，你的处所通常表明你的身份（而你的身份则通常决定你可以在哪里生存）。地理即是命运；它以一种直截了当的方式表现出来，这种表现通常简明而残酷……然而，网络把交流空间予以分解，从而摧毁了地理代码这一法宝。"（米切尔，1999）[10-11]网络空间的虚拟性大大消除了现实的各种外在因素（如经济、政治、文化等）对青少年符号消费及其身份表达的制约。因此，网络及其所提供的各种符号化的虚拟商品，成了当代青少年寻求身份认同的一个新兴渠道。

其次，网络空间为青少年的符号消费提供了广阔、自由的平台，使青少年以符号消费谋求身份认同的行为获得了更为宽广的社会联系。青少年的符号消费总是蕴涵着特定的文化内涵和象征意义。对于青少年而言，占有某种商品并不能完全实现其身份认同的目的。其身份认同得以实现的一个重要环节就是，他注入商品中的各种意义和信息能够为他人所接收、理解、欣赏。也就是说，青少年的符号消费需要一个可以展示的舞台，以及能够对商品的符号信息进行解读的观众。缺乏舞台和观众，这种消费行为充其量只能是一种孤芳自赏的自我满足。

实际上，不管青少年在表面上表现出何种的独立与自以为是，他们在内心深处总是充满着被欣赏的渴望，来自同伴的喝彩尤其能令其陶醉。因此，青少年总是寻求着能够展示自我的自由空间和观众。网络无疑是青少年展示自我和寻找观众的重要平台。借助网络，具有共同消费爱好的青少年，可以结成某种形式的团体。在这一团体中，青少年一方面找到了展示各种符号商品的舞台，另一方面也找到了欣赏这些商品的观众。当前，网络上形成了越来越多的青少年消费同盟。以运动鞋这一商品为例，新浪网上的"我为鞋狂"论坛、"鞋帮杂志官方论坛"网站等，构成了青少年展示个人所购买、收藏的各种品牌运动鞋以及与他人进行交流互动的主要平台。通过这种新的空间，青少年一方面可以展示自己的符号商品以博取他人的赞誉，获得一种自我满足感，另一方面也可以接收到更多的、新的商品符号信息，从而不断地为自己的符号消费行为提供新的意义支持。如某青少年在论坛上"晒"了一双他新购买的NIKE"铜喷"系列运动鞋,受到了众多网友的追捧与好评。以下文字则是网友在其贴图下的部分留言。

  呆呆 leo:好闪啊……好看啊!!!! 顶!!!!
  迷糊的小飞侠:真 PL~~喜欢啊~~~
  Axryz:很不错啊,不知道国内上不上,能问楼主哪儿收的吗?
  Jonesso:妈呀,太好看了。虽然你拍得很一般,但丝毫掩盖不住耀眼的光芒~~~
  资料来源:佚名 Nike Foamposite One-Copper 铜喷到手!!!.[2009-12-31]. http://forum.sports.sina.com.cn/thread-614886-1-6.html,("新浪体育论坛"板块"我为鞋狂"论坛).(引用时对标点符号略有修改)

  从以上留言可以看出,青少年通过在论坛上的"晒鞋"行为,引起了观众的艳羡,从而达到展示自我的目的。由此可见,在网络这一空间中,青少年的符号消费行为得到了前所未有的展示与发展。这也造成了青少年以符号消费为载体所形成的社会关系的空前广泛。在这种广泛的社会关系中,青少年身份认同所依据的参照系变得更为丰富,他们所赖以支持自身符号消费的理由也更加多样。

  从空间化实践的角度来看,网络作为青少年符号消费空间化实践的一个重要对象,为青少年通过符号消费谋求身份认同提供了条件,同时,由于青少年在这个空间里的交往实践,这一空间的关系、秩序和结构也发生了很大的变化。其中一个最大的变化就是青少年在这一空间中创造了某些不同于现实社会的规范文化,并在此过程中再生产了属于他们自己的个性、品位以及审美趣味的社会关系。虽然这种社会关系从形式来看具有一定的虚拟性。但对于每一个真正投入其中的青少年而言,它却是真实的、可以依赖的。这在一定程度上说明了为什么一些青少年可以不理会现实社会的要求而心安理得,甚至有些自傲地消费着各种不被传统与现实空间所认可的商品。而我们也可以在网络这个虚拟空间中,看见在现实中看不到的青少年消费群体及其价值诉求。"存在的看不见,看见的不存在"(李东晔,2008),这句话道出了符号消费与互联网联姻后青少年身份认同的一个侧面。

（三）符号消费空间的脱域化与青少年身份认同

　　脱域化（disembedding merchanism）是吉登斯在《现代性与自我认同》一书中用来描述和解释现代社会生活中社会关系的非地域化现象的一个重要概念，主要指"社会关系从地方性的场景中'挖出来'（lifting out）并使社会关系在无限时空地带中'再联结'"（吉登斯，1998）[19]。在前现代社会，空间总是和人们活动的地点紧密联系在一起的。人们活动的空间深受"在场"的支配。"在场"成了人们获得经验的重要前提。但是，在现代社会，由于现代传媒的蓬勃发展所带来的信息的全球共享，人们可以在"缺场"的情况下感受和了解远距离空间里所发生的事件。这就使得空间可以"独立"于任何特定的地点和地区的限制而走向虚空。

　　由此可见，当代空间具有明显的脱域化特征，它能够将人的感知经验从特定的生存场所中解放出来，获得对世界其他空间的广泛体验。这种广泛体验不仅丰富了人的经验世界，而且，它通过建立一套新的语言符号改变了人们交往实践的模式。这套新的语言符号就是一系列的符号标志（symbolic tokens）。吉登斯认为，空间脱域化得以实现的重要途径之一就是对符号标志的利用。所谓符号标志就是一种"相互交流的媒介，它能将信息传递开来，用不着考虑任何特定场景下处理这些信息的个人或团体的特殊品质"（吉登斯，2000）[19]。在这里，符号具有标准价值，它可以在多元变换的场景中发挥相互交换的作用，从而使处于不同时空环境中的人们之间的交流成为可能。

　　在当前消费社会的生活景观中，商品符号是这种符号标志的一个重要体现，充当着空间脱域化背景下的新的语言沟通模式。因此，符号消费的空间表现出了明显的脱域化的特征。其突出表现就是符号化商品所蕴涵的意义和象征已经完全脱离其生产地的空间限制，在大众传媒以及跨国贸易的推动下，获得了全球性的观众和追求者。

　　在符号消费空间的脱域化的背景下，青少年通过符号消费谋求身份认同的机制发生了深刻的变化。一方面，贸易的全球化使得青少年可以消费到其他国家和地区的各种新潮的商品。当前青少年所钟情的商品中，西方文化产品占据着较大的比例。2002年，中国青少年研究中心一项关于青少年时尚与流行文化的调查发现，青少年最喜爱的运动鞋品牌是耐克（72.1%），其次是阿迪达斯（68.2%）。（沈杰，2003）这些无疑都是国外品牌。相比于其他地区，北京、上海等国际性大都市的青少年，容易凭借其经济和信息等方面的优势而消费更多、更时尚的文化制品。各种新潮的服装、新拍摄的电影等，总是在这些大都市首先销售和上映。在全球化背景下，世界各地的青少年在商品消费方面也表现出趋同化的现象。就运动鞋而言，不管是北京、上海还是伦敦、纽约的青少年，都对耐克、阿迪达斯等品牌情有独钟。单从他们所穿着的鞋子来看，我们很难分辨出他们的国籍。

另一方面，伴随着商品销售的全球化而来的是产品符号意义的跨地域传播，由此带来的一个重要后果是青少年对商品符号的解码也表现出较大的一致性。当前，新产品上市时有一个突出的文化现象，就是各种与该产品相关的文案、广告以及报纸杂志上的宣传等，将从各个角度给该产品注入文化的内涵以及各种象征意义。因此，产品的上市不仅表明了一种新商品的诞生，更为重要的是，它代表了一种新的文化与品位的形成。对于这些新的文化化的商品，相当一部分青少年表现出了极大的热情。这种热情除了可以解释为对产品功用的认可之外，更为重要的则是对其所负载的文化象征意义的着迷。但是，青少年对这些商品进行解读所依赖的文化资源显然具有较大的同一性，这就不可避免地带来了其解读结果的相似性。以 AND1 运动鞋①为例。青少年对该品牌运动文化的理解，几乎依赖于其生产商所录制的 Mixtape② 系列录像带。在这一系列录像带中，AND1 运动鞋通过各种具体生动的实例，向青少年兜售着其所追求和象征的篮球文化与生活风格。正是依据这样跨地域的文化宣传，

---

① 1993 年，几个街头篮球爱好者发现了街头篮球这一巨大的市场，开发了与这一市场相匹配的 AND1 品牌运动鞋。这个品牌在外形设计上大胆吸取夸张的街头元素，并且高度重视球鞋的耐磨性，更重要的是，商家一直竭力打造 AND1 的品牌理念：the player。它象征着一种灵感的能量，一种精神的联系，一种无种族的篮球形象，酷劲地传达着个人尊严。

② 2001 年，AND1 的生产商组织了一支由全美街头篮球精英组成的篮球队，以 AND1 命名，靠一辆大巴横穿全美，挑战当地有名的街头篮球队。后来，他们把这支队伍的比赛用 DV 录下来，剪辑很多场不同比赛的经典镜头，配上狂放不羁的说唱乐，做成一卷录像带，在各地播放，这个录像带取名为"Mixtape"。Mixtape 播出后，引起了全美青少年的轰动，并成为街头篮球青少年的"圣经"。

各种商品的符号意义获得了世界各地青少年的广泛认可和共鸣。这就使得不同国度的青少年不仅在具体商品的购买和使用上表现出很大的同质性,而且在对商品内涵的理解与阐释上也表现出较为雷同的解读方式。

商品及其符号意义的全球兜售,使青少年对商品符号的意义联想获得了新的、更广阔的资源,从而在一定程度上改变了其身份认同的文化参照系。在商品及文化流动较为有限的封闭环境中,一个人身份认同的文化资源的深度和广度与其生活空间的大小是基本一致的。"在一些社会中,由于限制了交换的可能性,因而为了交换和提供新的商品,就保护并再生产着稳定的身份系统。而在另一些社会中,存在着不断变化的商品供应,它给人一种完全商品交换和任何人都可以得到某种商品的假象……在这种社会里存在一个永远变化的商品洪流,使得解读商品持有者的地位和级别的问题变得更复杂。在这种情况下,品位、独特敏锐的判断力、知识或文化资本变得重要了。有了它们,才会使特殊的群体或不同类别的人群,去恰当地理解和分类新的商品,并懂得如何去运用它们。"(费瑟斯通,2000)[25]当前空间的脱域化在很大程度上拓展了个体身份认同的文化空间。特别是在符号消费全球化的推动下,以商品为载体所建构的各种符号意象,更是成为当代人特别是青少年身份认同的重要参照系。

不可否认,符号消费空间的脱域化在很大程度可以使青少年逃离其所在地的文化束缚,转而投入异域的商品符号的消费之中,从而获得一种全球性的身份认同。但是,这种借助符号消费而实现的全球性身份认同带有很大程度的矛盾性。表面上看,符号消费空间的脱域化改变了人们感知世界的方式,并大大提高了人们共享符号信息的可能性。但是,世界范围内的信息传播并没有促成一种全球性的认同,空间和地方的紧张关系依然存在,而且,"空间阻碍崩溃得越彻底,世界上的人群,就更紧密地联系于地方和邻里,联系于国家、区域、族群团体,或宗教信仰,并以之作为认同的特殊标记。这种对可见且可触摸的认同标记的需求,在猛烈的时空压缩里很容易理解。……我们是谁?我们属于什么空间/地方?我是世界的公民,还是国家或地域的成员?"(哈维,2003)[394]

这一现象在青少年的符号消费中同样存在。虽然不少青少年对西方商品及其所象征的符号意义表现出很大的迷狂,但是,同样存在这样一

第二章 信息、时尚、空间:青少年符号消费的能指世界

些青少年，他们对本民族产品存在着深深的忧患意识。即使是那些对国产品牌抱有轻蔑态度的青少年，在他们内心，仍然渴望着有一天中国本土的商品能够跻身于世界品牌的行列。这些青少年的内心是矛盾的：从理性的角度看，国外的很多商品在质量、包装以及文化意义的赋予方面较之国产商品的确有其高明和先进之处。但从情感上，他们更愿意看到国产商品的进步。以青少年对国内运动鞋品牌"安踏"的态度为例，相当一部分对运动鞋有所了解的青少年对于"安踏"的态度是十分矛盾的。一方面，他们非常鄙视"安踏"在设计、款式及理念方面对国外品牌的简单模仿与抄袭；另一方面，他们又非常希望国内能生产出具有本土特色，而且能满足当代青少年审美趣味的、富有内涵的运动品牌。相对于国内众多的运动鞋品牌而言（"李宁"品牌除外），"安踏"无论在销量、知名度等方面都处于较为领先的地位。因此，"安踏"又成了他们寄予希望的重要对象。这种矛盾的心理状态在一定程度上反映了脱域化的符号消费中，青少年在民族认同方面的内在焦虑。

第三章
流行文化或亚文化：
青少年符号消费的意指内涵

前面两章重点从能指与所指的角度，分析了符号消费与青少年身份认同的关系，其主要目的在于揭示符号消费背景下青少年身份认同的意义空间，以及身份认同框架内青少年符号消费的特征。在此基础上，本章将对青少年符号消费这一社会行动文本所指向的文化价值属性作进一步的符号学分析，主要任务是在较为宏观的层面上对青少年符号消费的深层文化意义作出类型划分，以期能够揭示青少年符号消费中所展示的身份认同属性的多样性，即这种社会行动所归属的文化形态的性质特征。这对于我们更进一步地了解当代青少年的文化价值取向及其精神世界的丰富性，具有十分重要的意义。

从前文论述可以看出，青少年符号消费的重要目的在于对商品符号价值的占有和表现，而商品的符号价值总是与某种特定的意义或象征紧密联系在一起。在这样的消费语境中，商品并不单纯是作为一种具有使用价值的实体而存在，在很大程度上，它主要是作为某种文化或生活风格的浓缩而被人们所购买和使用。人们通过占有某种符号化了的商品，来表明其审美原则、价值取向、人生态度等与个人身份密切相关的文化品质。在这一过程中，人们对符号化了的商品所蕴涵的文化意义的了解与践行程度，大致可以反映出其真实的身份特征和价值取向的特点。

实际上，青少年通过符号消费所建构的认同并不全然具有相同的价值属性。程士安等学者对北京、上海、广州、武汉四个城市青少年进行调研后发现（参见程士安 等，2004）：在传统文化和流行文化的冲击下，青少年时而理想，时而现实；时而前卫，时而保守；时而激进，时而中庸。在消费行为上一方面显示出"我的选择我做主"：追求个性，彰显自我。另一方面却又表现出"群体意义的消费决策模式"：有51.3%的青少年认为自己容易受到同龄群体中大多数人意见的左右。因此，强烈的求同需要和求异需要，是青少年有别于其他年龄阶段消费者的主要消费特点，由此引发的从众、不从众和反从众是青少年消费行为的重要标志。从认同的角度看，不同青少年对商品符号信息及其象征意义和文化内涵的了解与践行程度是不一样的。就目前的社会文化生活景观而言，在当前青少年的符号消费中，存在着两种主要的文化价值取向：流行文化和亚文化。前者更多地反映了青少年通过符号消费谋求身份认同过程中的被动性、模仿性与表面性。而后者则更多地强调了青少年以符号消费为重要素材和载体的身份认同所包含的主动性、创造性和深刻性。基于此，本章将从流行文化与亚文化的角度，分析青少年通过符号消费谋求身份认同的现象中所蕴涵或指向的文化特征。在此基础上，揭示出当代青少年的文化气质及其价值诉求。

一、流行文化范畴下的青少年符号消费

流行文化（popular culture）是一种复杂多变的文化集合体。同济大学高宣扬教授认为："流行文化是时装、时髦、消费文化、休闲文化、奢侈文化、物质文化、流行生活方式、流行品位、都市文化、次文化、大众文化以及群众文化等概念组成的一个内容丰富、成分复杂的总概念。"（高宣扬，2006）[63]对于流行文化而言，其基本存在形式是不断地推陈出新。在这方面，流行文化等同于时尚（fashion）。但是，并不是所有在社会上风行的东西都可以包含进流行文化的范畴。

实际上，在任何时代的任何社会中，都会"流行"某种事物。在本研究中，流行文化更确切的含义主要限定为媒介社会中的消费文化。这种文化的基本特征在于其商业化生产的消费性质，在本质上它是一种文化工业的产物，其特点主要有（高宣扬，2006）[69]：①生产和再生产周期不

断缩短；②采取的形式更加多元化；③大量借助现代科技而日益技术化、批量化；④采取数字化和网络化的途径，日益符号化和幻影化；⑤内容和形式发生了置换，形式的变化较内容的变化获得更为优先的发展地位；⑥更多地采用神秘化的形式，难以理解或不需要理解；⑦更多地与"性"和身体联系在一起；⑧更加商业化和消费化。可见，商品性、消费性、感官娱乐性、开放性、参与性、复制性、平面性等构成了当代流行文化的突出特征。因此，以流行文化为特征的符号消费所包含的身份认同，其意义主要在于追求一种外在的时尚，满足于商品本身所带来的感官愉悦性。在价值取向方面，青少年通过这种符号消费所建构的身份认同，主张的是一种身体的狂欢与自我情绪的宣泄与满足，更多的是一种外在性的认同，主要受制于各种外在力量，如广告、偶像、时尚等机制的影响，在很大程度上缺乏自主判断与选择的能力。以下主要从流行文化的形式与内容的关系以及流行文化的价值取向两个方面，对青少年在符号消费中体现出来的身份认同的特点进行分析。

（一）形式高于内容：青少年符号消费中能指的狂欢与身份认同内涵的贫瘠

在一般文化表达中，形式与内容的关系主要表现为一种内容决定形式的逻辑结构。然而，这种表达方式在流行文化中却发生了革命性的置换，形式僭越了内容的决定性地位而变成了文化表达的新的逻辑与规则制订者。在流行文化的生产逻辑中，形式永远高于内容。流行文化生命力的维持不在于对意义的求索，而在于对形式的不断变更，并以形式的变化来取代其意义贫乏的先天不足。这就使得流行文化中的能指与所指之间并不必然具有某种固定的对应关系。能指往往可以游离于所指的意义限制而自我衍生，相互指涉，从而造成流行文化领域中能指狂欢的现象。

这种能指狂欢的现象在当前的商品广告中比比皆是。美国媒介文化研究学者马克·波斯特（Mark Poster）在其《信息方式》一书中认为，"广告中的消费客体改变了这一切。广告占据一个能指，亦占据一个词，这个词语和广告所促销的物体并不具有传统意义上的关系，但却被附加到那个物体上","在广告中,这些流动能指的语境被重建,而它们的作用正是源自这种语境重建"。(波斯特,2000)[81]在当前电视里铺天盖地的商品广告中,各种视觉符号通过对"三B原则"(Beauty、Baby、Beast,即美女、儿童、动物)的排列组合,大大拓展了语言符号所不能表现的范围,极力渲染着美好的生活、温馨的家庭等幸福人生的意象与某种商品的内在关联。通过这种意义的嫁接,诸如方便面、厨房用品等各种日常的产品获得了不一样的审美价值和符号功能,成为了成功人生、幸福家庭的等同物。这样,在商品世界所营造的符号空间中,一方面是能指的不断膨胀,另一方面却是所指的日益贫乏,甚至淹没在能指的无限扩张之中。

"非常柠檬"只不过是一种普通的饮料,但当红歌星李玟以其载歌载舞、动感十足、热烈奔放的形象,赋予它一种情感或意义,仿佛喝了它就代表了时尚,代表了一种"非常好心情"的个性化生活。广告的目的便是在叙述称心如意的生活方式时令人想到一连串的能指链。例如,"百事可乐=年轻=性感=受欢迎=好玩"。(马克·波斯特,2001)[91]① 看一看新一轮的"可口可乐"广告,不正是启用帅气、年轻、活跃、绯闻不断的青春偶像谢霆锋来出任主角演绎"亮出你自己"的宣言吗?

李玟与"非常柠檬"、谢霆锋与"可口可乐"之间并无必然的联系,这就可以看出广告的能指与所指之间联结的任意性。广告语本质上是词汇与内容相区别、分离,词汇成为偶然,词汇包含的对象是"随心所欲"的。所以广告表面上所传达的幸福生活、所许诺的美好前景都具有欺骗性,它提供的是社会矛盾、个人生存困境的虚幻、想象的解决。(王一川,2004)[169]

由此可见,借由商品外在形式的不断翻新所造成的商品能指的不断膨胀,使得人们越来越专注于对各种浮夸能指的占有和消费。在这一过程中,商品所指变成了空洞之物,或者无限期推迟出场,从而不可避免

---

① 此为原文中的注释。

地造成了能指狂欢背后的价值匮乏或困窘。这恰恰构成了当代流行文化的重要征候。它使得以流行文化为基调的青少年符号消费在身份认同方面所呈现出来的审美风格、价值追求以及文化品位等，在表现形式上具有无限的多样性而缺乏必要的内涵。眼花缭乱的流行商品不仅在量上给青少年以极大的视觉冲击，而且各种纷至沓来的商品潮流也不断驱使和诱惑着他们争先恐后地占有、使用、毁灭层出不穷的新产品。在这种流行文化取向的符号消费中，青少年对商品意义或象征的解读更多地局限于商品的形式，而较少考虑商品本身的文化内涵和历史脉络。因此，以流行文化为价值取向的青少年符号消费在相应的身份认同过程中，一方面表现为对各种新的、时尚的产品的极力追捧和占有，另一方面则表现为对商品符号的去语境化的阅读与理解，满足的是当下的感官愉悦和情绪释放，而较少考虑商品的文化内涵及其原初的象征意义。对于他们而言，商品的形式（类型、款式、档次、质料等）在其符号消费中扮演着十分重要的角色。因此，流行文化范畴中的青少年符号消费主要表现为两种人格特征：感性化和享乐式。

1. 流行文化取向的符号消费与青少年的感性化人格

从流行文化的角度看，感性化人格的形成，与商品世界中形式高于内容所带来的能指的狂欢有着十分密切的关系。借助现代技术，流行文化在很大程度上实现了对产品形式的任意加工，从而不断地为社会提供各种形式的翻新产品。在此基础上，通过各式各样新型概念的命名，各种"新"产品向人们昭示着它所代表的完美人生和幸福世界，由此奠定了它们存在的合理性和必要性。因此，流行的重要特征就在于不断地革新，新的总是意味着更好、更强。在流行文化的这种消费逻辑中，重要的不是产品自身内涵的深度挖掘，而是对其表现形态的外在加工和意义附会。通过商品形式与人的内在欲望的"意义"联结，以流行为取向的符号商品得以不断地生产、销售和消费。在此过程中，人的欲望在对物的不断占有中空前膨胀，从而不可避免地形成了一种感性化的、占有式的人格及其存在方式。在这种流行文化所建构的符号消费语境中，青少年由于其身心以及社会阅历等方面的特点，较之成年人更容易受到这种商品世界中能指狂欢的诱惑，更容易在青春激情的激荡下投身于对各种符号化商品的购买和消费中，从而表现出明显的感性化人格特征。具体而言，这种感性化人格在青少年符号消费中主要表现为对商品形式的过度偏爱以及对"新"产品的不断追求和攫取。

首先，青少年在流行文化取向的符号消费中重形式，轻内容。青少年在审美取向和感知世界的方式方面具有明显的感性冲动的特征。这种感性冲动主要源于青少年无意识深处的生理需求，体现为一种青春的躁动和对非理性信息的迷狂。另外，青少年正处在一个易受暗示、善于模仿的时期，容易受到各种外在信息的诱惑。商家正是瞄准了青少年的这一身心特征，与媒体、广告商一起，不断地通过变换消费品的形式及其所附加的外在意义来激发青少年的消费冲动，调动其消费的欲望。当青少年的感性冲动遭遇各种消费信息的诱惑和劝导时，这种感性冲动的力量便会在一种社会消费文化的支持下变得更加强烈，促使青少年投身于对商品消费潮流的不断消费和占有之中。在此过程中，青少年看重的往往只是商品的外在形式及其所宣称的表面意义。在对青少年的访谈中，当谈及购买商品时一般会考虑哪几个因素的问题，相当多的人都流露出了对商品外观的重视，而商品本身的历史渊源、文化内涵等深层次的东西，却很少能够影响青少年的消费决策。对于这些青少年而言，商品在包装和款式等方面只要够酷、够炫，就可以成为他们消费的主要理由，哪怕这种酷、炫在一定程度上是以牺牲商品本身的实际使用价值为代价。

其次，流行文化取向的符号消费在很大程度上造成了青少年中"概念消费"的泛滥。流行文化对商品形式过于倚重的必然结果就是概念消费在社会中的流行。概念消费倡导的并不是商品的实际内容，而是为说服消费者购买某种产品寻找一个理由。因此，在概念消费中，消费什么并不重要，需不需要也是其次，重要的是商家可以拿出说服消费者购买的理由，也就是一个"概念"。当前，诸如"健康空调"、"光触媒滤网"、"负离子"、"氧吧"、"UV除菌"、"负离子发生器"、"派离克"等"新概念"和"新技术"在消费市场上的广泛使用，就是对概念消费景观的最好注脚。

实际上，以上列举的诸多消费概念对于一般消费者而言，更多的是代表一种模糊的进步与美好，很少有人能够深入了解这些概念到底包含哪些实际的功能和用途，更遑论对这些概念的科学理解了（实际上，这些概念本身的科学性也是值得质疑的)。当前这种"概念消费"现象在青少年中颇为流行。以运动鞋为例,各种层出不穷的"概念"正充斥着青少年运动鞋消费的空间。就运动鞋的气垫而言,光是 NIKE 运动鞋就包括 Large Volume Air、Air Max、Dual Pressure Blow Molded 等类型,而 NIKE 的 Zoom Air 又分为 Forefoot Air、Flexible Air、Total Air max、Visible Zoom Air、Tuned Air 等。这些概念繁多的运动鞋不断向青少年编织着种种关于鞋子性能的神话,仿佛拥有某种运动鞋就能够给自己的运动增添无限的力量和成功的可能。然而,这种所谓的"新"的运动鞋更多的是对一个概念的推销,青少年对于这些概念的理解也大多停留在它代表了一种新的、时尚的消费潮流之上。至于这种概念对自己的生活到底意味着什么等深层次的问题,则很少纳入其考虑范围之内。

最后,以流行文化为取向的青少年符号消费表现出明显的"喜新厌旧"的特征。青少年对新事物充满好奇心,"喜新厌旧"是其中一个重要的表现。在第三章中已对当前青少年关于"新"产品的理解作过详细探讨,主要包含三种类型:①以产品外在的新旧程度作为判断其是否是新产品的主要依据。②对产品新旧的判断主要依据其本身所包含的技术水平的高低。一般而言,具有高技术含量的产品就是新产品。③认为新产品是指那些稀奇古怪、极少看到的东西。从流行文化的角度看,上述这三种认识中,具有明显流行文化特征的主要是第一种,即以商品的外在形式作为判断其新旧的标准。除此之外,在第三种类型的认识中,如果青少年对于新的认识仅仅停留在产品外观方面的乖张,而缺乏对这种非常规化外观背后所包含的特殊价值取向的认识(如一些虽然穿着"朋克"装但却对"朋克"文化缺乏必要了解的青少年),那么,这种怪异之新也属于流行文化的范畴。数据显示(魏颂,2004):在当前青少年的衣物消费中,59.5%的人每半年更换一次衣物,21.4%的人每一年更换一次,14.3%的人一般两年以后才更换一次,另有9.5%的人一至两年更换一次。这在一定程度上反映了青少年对于"新"产品的钟爱与追求。

2. 流行文化取向的符号消费与青少年享乐式人格

青少年在流行文化取向的符号消费中除了表现出明显的感性化、占有式人格外,还表现出突出的享乐主义特征。这种享乐式人格的形成,与流行文化对于人的感官愉悦性的过度宣扬有着十分密切的关系。在很大程度上，流行文化在本质上是一种轻盈的、当下的、感性的文化形态。以这种文化形态为价值基础的符号消费，成了流行文化感性本质得以展现和消费的重要载体。正如前文所述，感性冲动是青少年的重要身心特征。因此，青少年感性冲动的现实化就表现为对一种外在感官刺激的迷恋，以及在此过程中所获得的感官愉悦。这种感官愉悦在符号消费中主要表现为一种对物质生活和感官体验的过度强调。

首先，流行文化取向的符号消费强化了青少年的物质主义倾向。当代流行文化赖以存在与发展的基础，在于资本逻辑在当前市场经济中的主宰地位，强调的是一种实用主义、功利主义的价值原则。因而，商品性成了这一文化的典型特征。就其实质而言，当代流行文化是一种消费文化，其重要特征是短暂性、流变性和无休止性。为了实现对市场的占有，它往往通过种种机制不断制造虚假的欲望，炮制出令人目不暇接的时尚、品味。而这恰恰与青少年学生好奇心强、攀比心重的心理特征相契合，容易诱使他们心甘情愿地投身于流行文化的消费中而乐此不疲。这实际上反映了一种及时行乐的物质主义的人生价值观。相关研究结果显示（魏颂，2004），在对"如果您有一大笔钱，您想如何使用它？"这一问题的回答上，53.2%的青少年选择将这笔钱用于消费。其中90.2%的人希望购买自己喜欢的东西，包括房子、车、电脑等；剩下9.8%的人想周游世界或请人吃饭。由此可见，在流行文化取向的符号消费的浸淫中，物质主义、享乐主义已经成为部分青少年消费观念中的重要价值取向。

其次，与物质主义倾向相对应，青少年在以流行文化为价值基础的符号消费中，呈现出对感官愉悦性过度追求甚至沉溺的特征。当代流行文化范畴中的符号消费更多的是一种"享受的合理性"的满足。但是，有部分人却在这种"享受的合理性"的掩护下，片面地追求着消费过程的感官愉悦。在由广告和时尚所营造的消费潮流中，人们的消费欲望被不断制造出来。然而，"欲望并不能让欲望得到满足，相反，欲望使得欲望成为欲望（Desire does not desire satisfaction. To the contrary, desire desires desire）"（转引自王成兵，2004）[83]。在无休止的欲望消费中，人们崇尚的是消费的一次性，新潮成了消费行为的最大驱动。在这种消费浪潮中，普遍弥漫着一股强烈的享乐主义思想，将人的欲望、本能推到了极端。

在这种社会环境中,诸如勤劳节俭、艰苦奋斗等传统价值日渐式微,取而代之的是商品符号所营造的价值空间(享乐主义)。这种此消彼长的价值嬗变带来现代人的价值困惑。而符号消费的感官刺激性对于从小就生活在物质产品极大丰富的社会中的青少年具有极大的诱惑力,容易使他们放弃对传统价值的追求而耽于物质的享受。有关调查显示(刘钧演等,2002):大多数(69.2%)青少年同意"若有条件,衣食住行都要跟上时代",将近1/4的人(24.6%)认为应该"今朝有酒今朝醉"。这表明当前部分青少年在消费上具有追赶时尚的愿望,并注重当下欲望的满足。这容易使其自我认同趋于感官化、物质化而丧失对自我内在价值的涵养与呵护,造成精神自我的放逐。

(二)流行文化的肯定性:青少年符号消费及其身份认同的犬儒性

流行文化取向的符号消费由于其明显的娱乐化特征,追求的是个人在消费过程中的愉悦性体验。因此,它往往容易博得人们的喝彩与欢笑,成为人们缓解压力、释放激情的重要途径。但是,从根本上来说,流行文化更多的是一种"肯定文化"(affirmative culture),"这种文化丧失了否定和批判的功能,泯灭了与生存状态的差距,缩短了与现存秩序的距离,成为粉饰和美化社会的工具"(张晶,2003)[218]。因而,流行文化常常使人安于现状、不思进取,耽于当前欲望的满足和享乐,表现出明显的犬儒主义式的生活方式。旅美学者徐贲认为,现代犬儒主义是一种"以不相信来获得合理性"的社会文化形态。"现代犬儒主义的彻底不相信表现在,它甚至不相信还能有什么办法改变它所不相信的那个世界。犬儒主义有玩世不恭、愤世嫉俗的一面,也有委曲求全、接受现实的一面,它把对现有秩序的不满转化为一种不拒绝的理解,一种不反抗的清醒和一种不认同的接受。"(转引自陶东风,2005)这种"以不相信来获得合理性"的犬儒主义心态,突出地反映在当代青少年关于经典作品消费的娱乐化取向之上。

当前，青少年对经典文本的戏仿式①（parody）解读日益增多。在当代青少年中，流行着诸多所谓时髦、时尚的诗词，而这些诗词大都源于对经典文化的改编。例如，李白的《望庐山瀑布》是一首家喻户晓、雅俗共赏的七绝诗文，然而，这首诗在一些青少年那里却变成了"日照香炉烤鸭店，鸡鸭鱼肉在眼前，口水流得三千尺，一摸口袋没带钱"这样一种趣味低下、庸俗的戏谑之词。这样一种庸俗化的篡改在青少年当中大有市场，似乎一个人不能够吟诵这样的改编版诗文就落伍于时代，就会被其他同学所嘲笑。正如在访谈中一位初中生所说的，"不会这些就会被同学看扁，显得很老土，根本就没办法混！"

或许，青少年对经典文本的这种态度本身并无多大恶意，经典之于他们可能与其他普通事物一样，是一种可以利用的"搞笑"资源。在很大程度上，经典的意义在当代青少年眼中已经被置换为一种寻求感性愉悦的文字符号。经典的符号意义不再是永恒、崇高、神圣，而演变成了一种当下、庸俗的感性体验。当经典变成一种流行文化被消费时，经典的严肃性、深刻性就会丧失其应有的历史厚度而流于庸俗，甚至趋于沉沦和死亡。另外，青少年对经典的解构和戏仿本身就是一种"大话文化"的消费②，其典型的符号意义在于宣告了一种彻底的怀疑主义人格的诞生。这种人格的突出心态是：世界没有神圣，也没有权威和偶像，一切都是不可以相信的。这种对权威、神圣的全盘否定态度和解构立场即使不直接指向某种特定的主流话语，也会使任何对于主流话语的认同成为

---

① "戏仿"又名"滑稽模仿"、"戏拟"，这个概念最早见于1598年英国文人撒缪尔·约翰逊的《牛津英语词典》："模仿，使之变得比原来更荒谬"。邱冬梅认为，"戏仿作为喜剧的分支，自古即有，最早出现于古希腊的诗歌，在中国和罗马的古诗中均有大量模仿他人作品以制造幽默或讽刺效果的例子。"参见：邱冬梅．也谈"戏仿"与"恶搞"[J]．社会观察，2006（8）．

② 所谓"大话文化"消费，其基本要义在于通过对各种经典文本的戏仿、拼贴，颠覆这些文本所包含的话语秩序及支撑这些话语秩序的审美原则、道德规范、文化秩序等意识形态化的东西，从而获得一种"冒犯"的快感。关于这一点，可以通过一个案例来进行说明。2000年12月21日的《中国青年报》上，刊登了一则戏仿国家考试制度的大话文本《全国网恋等级考试（ELT）大纲样卷》。该"试卷"的说明是："21世纪的钟声就要响起，21世纪的爱情也该有它独特的形式吧！在这如丝的雨夜，我在灯下细阅了中共中央宣传部长顾湘的《1999—2000网恋问题政府工作报告》，得知网恋之花已在中华大地迎风怒放，暗吐芳香；结合自身实际，深感网恋阶层鱼龙混杂，已经到了非用法律法规限定等级的地步。为此，我网恋部不甘落后，成立了全国网恋等级考试专家小组，特拟此样卷，请各级部门反馈。"从这则文本中我们可以大致窥见"大话文化"的语体特点。

不可能。因此，青少年在"大话文化"的消费中破坏权威，张扬自我享乐的合理性的同时，也在无形之中挖空了探索真理和建设价值的根基，从而不可避免地滑向虚无主义的境地。（陶东风，2005）

由此可见，青少年在流行文化取向的符号消费中，往往专注于自我的感官愉悦，对人生采取一种"游戏"的心态，而对于关乎国家和民族生存与发展的社会责任、历史使命等宏大主题却视而不见或消极逃避，缺乏历史责任感和使命感。在流行文化的歌舞升平中，人生的艰辛与社会的苦难也都被琳琅满目的商品轻而易举地抹平了，青少年看到的只是一个商品富足的"丰裕社会"，这将在很大程度上导致其对人生以及社会形成片面的认识。更为重要的是，青少年在各种漫天飞舞的商品符号中，容易被物的丰盛所营造出的美好世界迷惑，亦步亦趋地投身于商家和媒体所宣扬的生活方式中而难以自拔，缺乏对各种商品符号所隐藏的消费主义意识形态的危害性的认识。这种生活方式容易使青少年在不知不觉中变成一种无反思性、批判性和建设性的"单向度"的人。这种人格与现代民主社会的公民人格是格格不入的。当代流行文化的这种特质也决定了它不可能承担起塑造人类精神家园的重任。青少年对流行文化消费的一次性特征，也决定了它难以给人们的生活以终极价值的关怀。

同时，这种"肯定文化"通过经济的全球化以及大众传媒的世界联网，极力兜售跨国界和地域的"中产崇拜"（midcult），表现出了明显的西方中心主义和民族虚无主义特征。因此，从表面上看，青少年在符号消费中表现出流行文化取向的身份认同，主要反映的是青少年对物质主义及各种感官愉悦的过度强调。但从更为深层的角度来看，这种流行文化取向的身份认同的重要后果，则是对青少年公民人格健全发展的严重损害。如果青少年的文化创造激情被一种商业的谋划所控制，那么，青少年所追求的个性、所宣扬的自由就会变成一种商业包装之下的个性与自由。这种商业化了的个性和自由必然受制于资本逻辑的控制而缺乏自主性和独立性，从而沦为一种谋求商业利润最大化的资源或道具。青少年时期是一个充满激情、理想与抱负的美好年龄，如果这种激情、理想与抱负被引导到对流行文化消费的狂欢盛宴中，那么，这势必会使其与外界社会的丰富关系遭到破坏，形成一种以自我为中心，"快乐至上"的人生哲学。这种貌似潇洒、合理的人生价值观,实际上是建立在对自我社会责任的推卸基础之上的。这不利于青少年公民人格的养成。

二、亚文化指向下的青少年符号消费

亚文化(subculture)从其表现形式来看,是社会总体文化的一个组成部分。一般而言,我们可以通过诸如年龄、阶级、民族、宗教以及居住环境等客观因素,来区分或辨识各种具体的亚文化及其存在的现实样态。文化人类学家普遍认为,亚文化通常会产生某种特殊的生活方式、语言和价值体系。但从亚文化作为一种社会文化现象进入社会学研究的视野而言,亚文化的质的规定性主要不是由其在人群结构中的分布特征所决定的。也就是说,形成一种亚文化的核心要素不在于它主要是由某一特定的群体所拥有,而在于亚文化本身所包含的特殊属性。究其实质而言,亚文化是一个相对的概念,它只有在与社会主流文化的比较中才能获得其质的规定性。从美国芝加哥学派和英国伯明翰当代文化研究中心关于亚文化的研究来看,亚文化之所以成为一个问题进入到它们的研究视野,在于亚文化本身所蕴涵和体现的独特的生活方式与文化形态,对现存的社会秩序和文化规则造成了一定损害,并在很大程度上冲击着人们原有的道德观念,造成了社会不同程度的恐慌。这一点从芝加哥学派对于街角青少年的关注,以及伯明翰当代文化研究中心对工人阶级子女的研究中可以明显地反映出来。

亚文化的基本特征在于其相对于主流文化的中心性、正面性和肯定性而言的边缘性、地下性以及不同程度的抵抗性,它是"处于下层结构地位的群体对具有占统治地位的意思体系作出反应的过程而发展起来的意思体系、表达方式或生活方式,它反映了下属阶级企图解决在广泛的社会范围内所引起的结构性矛盾。因此,一个亚文化群必须要形成一个新群体意识,它本身存在一个基本表现形式就是它形成了一个行为方式、语言、价值观的集群——即对这种文化中的人具有重要意义的符号"(布雷克,1990)[12]。因此,亚文化主要由意义体制、表现模式和生活方式组成,它反映了非主流群体渴望打破社会阶梯架构与矛盾的各种尝试和努力。

作为一种亚文化类型的青少年亚文化，主要代表的是处于边缘地位的青少年群体的利益与价值观，其对成人社会秩序往往采取一种不合作的态度。美国文化学者艾伯特·科恩（Albert Cohen）认为，亚文化产生于文化与结构的冲突之处。（鲍尔德温 等，2004）[326]因此，这种不合作态度的产生除了青少年特殊的身心特点这一因素外，更为深层的社会原因主要在于青少年在社会结构中的边缘地位与其所承担的社会期待和责任不对称。"就青少年而言，其对主体文化的疑惑、挣脱与叛逆是显而易见的。青少年的年龄特征与其文化中的积极地面向未来的内涵相一致，但这种未来性并不是青少年文化的全部。青年文化中的许多本质或类本质特征恰恰是由青年特有的社会政治经济地位决定的。青少年作为一个特殊的代群，其社会地位呈现边缘性。这不仅指他们的生理心理机能的成熟与社会性的不成熟造成的其社会人格的双重性，而且就社会机制来看，他们参与社会管理和决策的可能性较小，以成人文化为主体的社会主体文化对他们持制约、限定之势，而社会文化生活最大的消费群，又是青少年们。由于阅历等多方面原因，他们对民族和传统尚缺乏完全的深入和了解，但沿袭和发展的重任又无法推卸。这种社会位置的双重性作为主要方面加上人格心理上的双重性，是青少年与社会和其他代群发生对抗冲突的根本原因。"（陆士桢，1995）所以，青少年亚文化最突出的特点是边缘性、颠覆性和批判性。科尔曼形象地把青少年亚文化比喻为"存在于成人鼻子底下的另类文化，它拥有不同的语言，特殊的象征符号以及更为重要的价值系统……所有这些使它远离了主体社会所建立的体系和目标"（转引自马丁，2000）[169]。不论在中国还是在西方，青少年亚文化都拥有与主流或主导性文化不同的价值体系和表现形式。这是青少年亚文化最显著的特征，也是其成为亚文化最根本的依据。① 因此，以亚文化为价值取向的青少年符号消费，与以流行文化为价值取向的青少年符号消费相比，必然呈现出不一样的审美原则、文化诉求和价值归属。

---

① 亚文化不同于同样具有抵抗性特征的反文化（counter culture）和负文化（negative culture）。反文化是亚文化抵抗形态的极端形式，主要表现为与社会主导文化的激烈对抗。而亚文化则更多地是以一种较为温和的方式，通过各种象征性的行为进行抵抗。负文化是一种丧失信念后处于绝望状态的破坏行为，其特点是颓废和放弃价值。而亚文化有着自身的价值判断和意义建构。参见：杨雄. 当代青年文化回溯与思考［M］. 郑州：河南人民出版社，1992：54-57.

从亚文化的角度来审视青少年通过符号消费谋求身份认同这一现象，一个显而易见的现实是，亚文化属性的青少年符号消费追求的主要是一种内在性的认同。符号消费载体本身对于他们而言，更多的是一种身份认同的道具。通过这一道具，他们得以展示其内心独特的精神世界与人格形象。在这一过程中，他们较少考虑各种外在的形象要求，为了追求自己心目中的理想形象，他们不惜疏离、背叛甚至颠覆社会身份规范的外在要求。因此，以亚文化为取向的青少年符号消费所表现出来的身份认同，更多的是看重消费对象所蕴涵的历史传统、文化内涵、现实意义等深层次的价值属性，以及这种价值属性对于其证明自我、表现自我的实质性意义。

（一）亚文化"习性"和"感觉结构"：青少年符号消费对主流身份的疏离

作为布迪厄社会学理论中的一个重要概念，文化"习性"（habitus）主要用来指称不同的社会群体划分社会和看待社会的独特方式。（鲍尔德温等，2004）[363]它与一个人或群体所拥有的文化资本的类型及程度有着密切的关系。从根本上说，习性是文化资本在个人中的内化所形成的个体"性情"（布迪厄，2005）[6]，因此，它不是一种外在于文化主体的客观文化形态，而是内在于主体身心之中的一种文化修养，并表现为特定的艺术趣味、知识倾向和行为风格等。"感觉结构"（feeling of structure）是英国文化学家雷蒙德·威廉斯（Raymond Williams）在《文化分析》一文中提出的概念。他用"感觉结构"表示一种对某种独特的"生活方式"（"生活方式"是威廉斯对"文化"的一种最广泛的定义）的感知。他认为"感觉的结构是一个时期的文化：它是一般组织中所有因素产生的特殊的现存结果"（威廉斯，2000）[132]。从表现形式上看，"感觉结构"是个体一种与生俱来的自然品质。但从其发生机制来看，它更多的是个体对自己所生活的文化空间中的各种文化意义的一种无意识习得。从这个角度而言，文化"习性"和"感觉结构"所要表达的基本内涵是一致的，两者都强调个体内在的文化心理结构对其生活方式的渗透和影响。这与亚文化的本质内涵是一脉相通的。

从文化"习性"和"感觉结构"的角度来看，具有亚文化取向的青少年符号消费所要彰显的，并不是对各种所谓流行时尚的表面模仿与追求，在很大程度上，符号消费本身与他们对自己存在的自主性、独立性的深切认同，具有十分密切的内在意义关联。各种商品的符号价值成了他们得以建构和展示自身身份认同的现实素材。与此同时，青少年对商品象征意义和文化内涵的理解，已经内化为其文化生活方式和人生美学，并渗透、彰显于其日常生活的言行举止之中，从而使整个人呈现出一种沉醉于某种亚文化生活方式的精神气质。这就构成了青少年亚文化符号消费的文化"习性"和"感觉结构"。总体而言，以亚文化为取向的青少年符号消费，表现出来的文化"习性"和"感觉结构"主要是一种对社会主流身份的疏离态度。这构成了亚文化取向的青少年身份认同的价值基调。关于这一问题，可以从以下几个方面来进行分析。

首先，这种疏离态度主要根源于青少年对其在社会层级结构中的边缘地位，以及由这种边缘地位而带来的在话语权、自决权等方面的欠缺所进行的一种或隐或显的抗议。伯明翰当代文化研究中心关于工人阶级青少年亚文化的研究显示，20世纪六七十年代在英国普遍流行于工人阶级青少年群体中的各种带有明显符号消费特征的服饰、装束以及行为，基本上表达的是工人阶级青少年对其边缘化的社会处境及所遭受的不公平对待的一种仪式性抵抗。因此，青少年亚文化消费的背后往往隐藏着某种意识形态的价值诉求。例如，光头党的行为表面上是在追求一种粗野彪悍的形象或风格，但在其背后却隐藏着一种追求权力，体现力量的意识形态企图。正如霍尔指出的，尽管这种离经叛道的亚文化缺乏明确的政治目标，但它仍是"对一种前革命的社会、政治和组织问题的后革命的文化反映"（转引自罗钢，刘向愚，2000）[23]。迪斯科夜总会、光头党、朋克、嬉皮士、摇滚乐……乃至群居、吸毒、同性恋等在20世纪60年代欧美青少年当中流行的文化景观，就是对这一问题的最好阐释。

当代中国青少年显然不像几十年前欧美青少年那样专注于对阶级、种族、性别等问题的不满和抗争。他们所面临的主要现实问题也不是去谋求宏大政治话语权。然而，青少年对主流文化疏离乃至反叛的文化"习性"和"感觉结构"在他们身上同样存在。这主要源于存在于青少年和以成人为代表的社会主流文化之间的规训与反规训的现实。在很多情况下，成人社会往往将青少年定义为一种不成熟的社会存在，从而在很大程度上剥夺了他们自我选择、自由发展的权利。但是，社会或家庭却又经常期待青少年能够扮演成人的角色，延续上一代或上几代人的理想。"各个家庭正在孩子的教育上投入巨资，因为这是新的一代地位得以改善的最佳机会。他们希望孩子将来能上大学，如果可以到西方国家的大学里念书更好。……独生子世代的父母们对子女的期待很高。一方面，这些孩子沐浴在关怀之中，其吃、喝、穿不用发愁，根本用不着自己再养活自己；但另一方面，他们得学习至深夜，甚至被迫在中学阶段，就得在参加入学考试的制度下争取成功。"（转引自郑红娥，2006）[326]这种地位与角色期待之间的落差，在一定程度上造成了青少年现实发展的窘境及其与成人之间的冲突。"成人把他们的希望和恐惧塞进青少年的行为中去，向青少年投射他们自己的冲突、价值观念和忧虑。他们采取极端的措施来保护青少年免受想象中的威胁的危害，这种威胁实际上只是他们自己的幻想；他们指导青少年进入想象中的成功，这种成功事实上只是投降。作为青年人的回应，他们对这种不信任的反应，显得比成年人的期望更强有力，当他们实践成年人的期望时带有真实的、给人以深刻印象的恶意。"（姜丽萍 等，1990）[82]在这种情况下，以宣泄不满、表达自我、寻求认同为价值内核的青少年亚文化的诞生，成为了一种不可避免的文化生活现象。而当前消费主义在中国，特别是在发达城市以及现代媒体中的泛滥，更是为青少年的文化反叛提供了重要的舞台和道具。其具体体现就是各种形形色色、眼花缭乱的符号消费。

　　相比于吸毒、性放纵、犯罪等严重越轨行为，青少年选择符号消费的方式作为其表达自我、宣泄不满的主要渠道，具有较好的现实性和可行性。就其现实性而言，一方面，当代青少年大多成长于改革开放的背景下，这一时期社会物质产品日益丰富。特别是近几年，如何拉动内需已经成为包括我国在内的世界各国经济发展所面临的突出问题。物的丰裕客观上为他们进行大规模的，具有明显象征性特征的符号消费提供了必要的物质前提。另一方面，当代青少年以独生子女为主，其可获得的家庭经济资本以及在家庭消费决策中的作用也日益增大。这为青少年的符号消费提供了直接的经济保证。

　　就其可行性而言，当代社会、文化结构的变迁，为各种符号消费行为提供了必要的社会空间和文化支持。从社会结构的变迁来看,一个突出的现实就是曾经明显的社会等级结构已经被打破,社会公共空间也日益扩大。这使得一个人在衣、食、住、行等私人消费领域中的自主性空前增大。其次,从文化结构的变迁来看,当前大众文化的兴起及其在社会文化生活中的重要影响,正在冲击和改变着主导文化、精英文化一统天下的文化格局,并成为越来越多的人文化消费的选择对象。在很大程度上,大众文化可以看作一种消费文化,其核心是一种消费主义的价值观。这种文化价值观在当代社会中的流行,为人们的各种符号消费行为提供了文化支持。在这种社会文化背景下,青少年通过符号消费彰显其亚文化的价值诉求也获得了较为宽松的社会环境。一方面,相比于吸毒等严重越轨行为,青少年看似夸张、诡异的穿着打扮,对于社会或个人、家庭的现实危害性要小得多,因此,虽然成人社会对这种符号消费行为有所不满,但也不会诉诸各种严厉的外在手段对其进行直接、强制的控制。(当然不排除在某些极端的情况下,也会动用成人社会的各种文化、制度资源对一些奇装异服进行控制。)另一方面,随着各种消费文化信息的不断生产和传播,人们至少通过媒体接触了越来越多对于他们而言显得有些新奇古怪的消费方式。在这类信息的包围之中,成人即使不能改变自己的审美原则,至少能够更为宽容地对待青少年在消费方面的"推陈出新"。

　　由此可见,相比于其他越轨行为,符号消费的危害性要小得多,同时,社会对它的接受或容忍程度要高得多。对于青少年而言,在各个方面都受到社会与成人的控制的处境中,符号消费无疑是一个受到体制性力量控制较弱的领域。符号消费的这种特性,可以为青少年发出自我的声音、展现自我的形象以及谋求自我的地位提供一个较为现实可行的途径和空间。因此,青少年通过符号消费的方式,去体现其疏离甚至抵抗成人社会的身份规定的亚文化"习性"和"感觉结构",与其说是一种天性,不如说是一种策略性选择的结果。

　　其次,青少年亚文化"习性"和"感觉结构"对主流身份的疏离,并不是一种直接的对抗,而主要是通过一种自我狂欢式的符号消费来隐而不彰地实现。从第二章关于青少年通过符号消费来背离成人或社会所规定的各种"好孩子"、"好学生"的角色的分析中可以看出,符号消费对于青少年寻求自我、渴望独立、不满控制的心理和文化诉求的实现具有十分重要的作用。当前，青少年主要通过一种自我狂欢式的符号消费，来体现其亚文化"习性"和"感觉结构"对主流文化的疏离心态。这种自我狂欢式的符号消费体现在以下几个方面。

1. 醉心于商品符号价值的深度挖掘

这突出反映为青少年符号消费当中的各种"迷文化"。符号消费中所谓的"迷文化"，主要指青少年对消费对象的极度喜爱和全身心地高度投入。对于这些青少年而言，商品已经被神圣化和人格化了。商品存在的价值不在于其功能有用性，而主要在于它的象征意义和文化内涵。因此，占有某一物品的主要目的不是为了获得一种实际功用，而是为了满足使自己沉浸于某种文化或氛围之中的需要。在符号性商品世界中自我陶醉，使青少年可以在现实社会的种种束缚与规训之下，获得一个自说自话、自我满足的意义空间。在这个自我沉浸的空间中，物品成了青少年倾诉的对象。

在某种程度上，符号化商品的出现恰好填补了青少年与家庭、学校和社会之间的隔阂。借助于对各种人格化了的商品的不断占有，青少年找到了情感寄托的对象。青少年的各种在现实中很难被成人或学校所理解和接受的理想或愿望，通过对特殊商品的占有和使用可以获得一种替代性的实现和满足，从而在一定程度上摆脱不被理解的孤单和寂寞的心境。如有些青少年对于各种运动鞋极度痴迷，在他们看来，鞋子的主要意义不是用来穿，而是用来欣赏。在这种欣赏中，运动鞋本身无异于精美且富有内涵的艺术品。这些青少年可以不理会家长或社会的质疑与不理解，强调自己对鞋子本身所包含的文化传统、技术内涵的喜爱和钦佩。在访谈中，有的青少年对他们所收藏的各种类型、款式的运动鞋诞生的历史、象征的意义以及使用的技术等了如指掌。为了获得这些产品，他们可谓费尽心思。除了钱的因素外，对于一些在国内市场上没有销售的鞋子，他们想方设法，利用他人到国外旅游或出差的机会请其给自己捎带。一旦拿到梦寐以求的产品，更是如获至宝。青少年对符号性商品的高度迷恋除了表现为对商品的极度喜爱外，还表现为对商品品牌的极度忠诚。一般情况下，只要青少年认准了某一品牌，他们会长期喜爱它。

这也是亚文化取向的青少年符号消费及其身份认同区别与流行文化取向的青少年的重要特征之一。

2. 强调自我生活方式与审美趣味和商品象征意义的内在联系，突出风格（style）在身份认同方面的重要作用

流行文化取向的青少年在符号消费及相应的身份认同上，更多地强调对商品外在形式的追求和占有，突显出一种不甘落后，紧跟潮流的消费动机，目的是赢得他人赞誉。因此，流行取向的符号消费具有较大程度的炫耀性消费的特征。

对于青少年身份认同而言，流行文化取向的符号消费更多地指向一种外在认同，容易受到各种外在因素的影响。这就使得以流行文化为价值取向的青少年符号消费及相应的身份认同，更多地强调身份与商品之间的一种表面上的形式关联，而缺乏必要的文化内涵的沟通。这将不可避免地带来身份认同的表面性、肤浅性和易变性。而亚文化取向的青少年符号消费，主要强调青少年在身份认同方面对商品所蕴涵的文化内涵的深层借鉴，突显出商品与其自身所追求的生活方式和审美趣味的内在适切性。也就是说，以亚文化为价值取向的青少年符号消费，他们所看重的商品符号价值不是商品能否给他们带来社会声誉，更不是为了肤浅的炫耀，而是商品所具有的象征意义对于其自我风格的建构具有什么样的功能。

风格是青少年亚文化的"第二肌肤"和"图腾"，是"文化认同与社会定位得以协商与表达的方法手段"。（费斯克，2004）[279]因此，在亚文化取向的青少年看来，商品的象征意义根植于它的历史、文化及技术中，而外表或造型相对于这些而言，更多地起到了一种锦上添花的效果。如果仅仅追求一种商品的外在形式，那么就会丧失对商品丰富性内涵的理解，甚至会损害商品本身的文化表达。因此，作为一种符号性商品，其可贵之处应该是它所指代的精神内涵。只要能够将这种精神内涵融汇于自己的日常生活之中，那么，无论在形式上是否追赶各种所谓的潮流都已无关紧要。实际上，具有亚文化取向的青少年对于那些简单模仿、人云亦云的符号消费行为是很不屑的。

"嘻哈"不仅仅表现在穿着打扮上具有"嘻哈"的样子就够了,"嘻哈"也不是在外形上一味地模仿。"嘻哈"主要是抓住一种感觉,一种生活的步调。所以,不是从穿着上看起来谁更"嘻哈",而是要从心底真正喜爱嘻哈,听到音乐会不自主地跟着节奏摇摆。

(访谈对象:北京某高中男生,访谈时间:2007年7月2日)

可见,以亚文化为取向的青少年符号消费,追求的是一种内在性的文化精神认同,而不仅仅是对商品外在形式或款式的迷恋。这种精神认同赋予了青少年一个自我沉醉的意义空间。在这个空间中,青少年可以自由地表达自我,获得支持力量,从而在某种程度上逃离现代生活的孤独以及成人社会的控制,委婉且隐而不彰地诉说他们的利益主张、审美趣味及生活方式,表达其疏离于主流身份的亚文化"习性"和"感觉结构"。

(二)亚文化资本化:青少年符号消费及其身份认同的商业收编

正如前文所述,青少年亚文化的基本特征是其相对于主流文化而言的边缘性和抵抗性。应该说,这种边缘性和抵抗性是任何时期的青少年亚文化都拥有的文化内涵,是青少年亚文化发展的基本内容。不同时期的青少年亚文化得以区分的重要依据不在于这一主题的置换,而在于这一主题的具体表现形式的差异。也就是说,青少年亚文化总是通过各种途径,以或直接或间接、或激烈或隐晦的方式表达着其对边缘性社会地位的不满和抗争。

但是,以符号消费作为身份认同和抵抗方式的青少年亚文化,基本上属于一种文化反叛型的亚文化①,其抵抗性更多地表现为一种仪式性抵抗。实际上,这种亚文化形态的青少年符号消费,从根本上而言并不试图去颠覆现存的社会结构,也不会以一种主动的姿态去争取自身在成人社会中的合法性。对于这些青少年而言,成人及社会对他们各种符号消费的不理解,固然使他们容易受到各种主流声音的批评和质疑,但是,或许正是这种不理解的存在,使他们能够在自己的商品符号世界中实现"我的地盘我做主"。因此,以亚文化为价值取向的青少年符号消费,追求的是能够拥有一个展现自我、展现青春的舞台。从这个意义上讲,这种青少年亚文化所表现出来的抗争精神是消极防御型的。也就是说,只要青少年能够在其文化空间中自得其乐,他(她)是不会去主动冒犯主流文化的权威的。然而,在这个问题上,成人社会往往对青少年的生活方式干预过多,从而不可避免地造成了彼此间的冲突。

亚文化取向的青少年符号消费对成人社会和主流文化的抵抗的有限性,不仅仅表现在其抵抗方式的象征性和仪式性上,更重要的是,在当前文化工业的大背景下,青少年亚文化也深受整个社会文化工业以及大众传媒的影响,其独立性品格难逃商业化的命运。在很大程度上,正是当代媒介在商品符号生产与宣传、展示等方面的主宰地位,导致了整个社会文化朝着商业化、娱乐化的流行文化方向发展。在这种大环境中,

---

① 西方社会学家一般把青少年亚文化分为四类。第一,令人尊敬的青少年(respectable youth)。这类青少年相对缺少反叛性,有良好的文化素养,在意识形态和价值观上认同父辈文化和传统文化的权威性,多数青少年属于这类。他们并不热衷于亚文化,更不属于"出轨"的亚文化或反文化。在亚文化群眼里,他们是"另类"和"尊崇优良传统和正统文化的好孩子"。第二,不端青少年(delinquent youth)。这类青少年主要根据他们的家庭背景和社会阶层来进行划分,这是因为这两个因素对他们成长的影响最大。美英两国的青少年亚文化经验表明,带有反社会和犯罪性质的亚文化多数与下层阶级和工人家庭背景的男青年有关,例如盗窃、暴力犯罪和破坏公共财物等。这类不端青少年的亚文化和反文化可从社会学研究的许多实例中得到验证。第三,文化反叛青少年(cultural rebels)。这是一些带有玩世不恭思想和作风的文化青少年,他们具有波希米亚人传统的亚文化特点。他们更多地试图在文学与艺术领域表现自我,但不时游离于文化艺术范围以外,缺乏真正为文化和艺术而奉献的精神。与其说他们是艺术家,不如说他们依附于艺术家。"玩艺术而非认真创造艺术。"他们虽然接受了中产阶级的教育,但具有反对主流文化的姿态。第四,政治好战青少年(politically militant youth)。这类青少年追随激进政治主张,参加各种政治运动和集会。在他们中间有一些人参加少数族裔的政治激进组织。虽然他们所代表的群体不同并且具有不同的党派意识,但是,他们在文化上都具有反对和抵抗主流文化与官方意识形态的政治倾向,并具有人文关怀的精神。参见:Brake M. Comparative youth culture [M]. London: Routledge, 1985: 21-27.

青少年独有的亚文化也难以幸免。基于当前青少年实际消费力和影响力的不断增加,青少年被越来越多的商家锁定为销售的目标群体。为了更好地开发青少年这一庞大的消费市场,商家必须在产品的生产和文化包装上不断走近青少年的内心世界。而青少年文化无疑是其建构商品品牌,开展营销策略的重要手段。

当前,一些著名的商业信息集团,如伊德诺文化公司(Icono Culture)、青年智能公司(Youth Intelligence)等,雇用对流行文化极为敏感的年轻人充当"'酷'的时髦猎手",深入到篮球场等青少年经常活动的场所,去寻找、搜集各种在青少年中新兴的爱好和兴趣。这些信息公司将收集到的情报传递给诸如可口可乐(Coca Cola)等商家,以便它们能够及时根据青少年文化的变化迅速地推出新产品,以调动青少年购买的欲望。(高宣扬,2006)[47-48]由此可见,一旦具有亚文化属性的青少年文化被转化为商品,并得以普遍化,那么,它们就会变得僵化,失去其原有的文化意含。因此,当流行文化的时尚机制将青少年文化中的亚文化元素剥离出它们原本所存在的意义空间,并将它们变成一种标准化的、可以产生经济利润的文化商品时,那些原本凝结在亚文化中的象征意义就会消失、死亡。

亚文化被商业收编的结果,就是青少年亚文化失去了与主流文化或母体文化相对立、相冲突的象征意义。我们可以以一种青少年亚文化——"嘻哈文化"在当前消费社会中的命运为例来说明这一问题。嘻哈文化作为美国都市贫民窟有色人种青少年的一种亚文化,其文化意义在于对主流文化压制的抗争,寻求一种不同于主流文化的生活方式和审美品位。当这种亚文化被商业收编,并在全球资本主义文化工业的大力推广之下,捕获世界各地不可胜数的青少年时,其原本的抵抗意蕴逐渐稀释,轻浮的玩世不恭取代了深刻的种族冲突和文化抗争。作为一种青少年亚文化的"嘻哈文化"被商业收编,演变成一种流行文化,"嘻哈"没有了历史、没有了种族色彩、没有了严肃意义,有的只是轻松的享乐以及自我的释放。对于"嘻哈文化"的这种转变,我们可以看看以下这段描述。

"嘻哈产业",许多人可能连听都没听过,但事实上则是几乎全球绝大多数的人，目前都早已生活在这个产业所建造出来的文化氛围中。只要我们随便打开电视，那些卖手机、球鞋、牛仔裤以及饮料等商品的广告，总是一群年轻人头戴棒球帽或者包着大头巾，身穿宽松的服饰，甚或披一件带有头罩的夹克，脚踩球鞋，在那里舞动、奔跑，或做着其他动作。这就是"嘻哈风格"，当然更别说那些综艺频道上的饶舌歌手了。除了电视广告及综艺频道上可以看到的典型的"嘻哈风格"外，如果我们走上街头，在一些时髦青少年，甚或年轻新中产阶级集中的地方，那种"嘻哈风格"更是普遍。有些青年新贵，头戴球帽，挂着一幅帅酷的无线手机装置，这当然也是"嘻哈风格"的具体显露。

现在可以说已到了"嘻哈风格"不再只是单纯的美国黑人青少年"次文化"的阶段了，它所型塑的风格，经过资本主义商品化的过程中的被"占用"及"挪用"，逐渐变成了一种新的"时尚"，它在征服了纽约和洛杉矶后，也渐渐开始要征服全世界。

而到了今天，由于"嘻哈风格"已成为全球庞大的产业，而且其地位仍在上窜，不但影响到大众生活商品，甚至还往高档商品以及名牌这个领域继续渗透，诸如海尼根啤酒、可口可乐、麦当劳、美国本土名牌Gap等也要以它为诉求。这时候，"嘻哈产业"也跟着出现许多高档商品，有些嘻哈人物那一身行头，其昂贵程度可不是一般人能买得起的。举例而言，Reebok在复活节推出一款Sdot限量鞋，即创下该公司的销售历史纪录，eBay网站上立刻卖到250美元一双，由此可见"嘻哈商品"的抢手及高档化。如果再加上典藏版的手机，那就更加不可思议了。

这也就是说，在过去二十多年里，当我们说到"嘻哈"时，尽管名称相同，但实质上早就有了极大的差异。早年的"嘻哈"是落魄黑人社区里那些穷小孩的"邋遢风格"（Shabby），对自己凄苦的命运充满了悲愤。但到了今天，所谓的"嘻哈"早已成了一种流行的时尚，甚至已成为一种固定下来的习惯，穿着宽松但昂贵的衣服，包着名牌头巾或运动帽，典藏版的球鞋，当然还有带数位摄影的手机与耳机，加上一堆亮闪闪的金属饰物，踩着那种有点摇晃的步伐。今天的"嘻哈人物"，以帅酷取胜，说不定再过几年继续细致化后，会成为独特的"纽约风情"!以前的嘻哈多少有点红眉毛绿眼睛的架势,今天的嘻哈却都变成了酷哥辣妹,时代的变化可真是快啊!

资料来源:佚名.嘻哈文化.[2007-10-20]. http://baike.baidu.com/view/443392.htm(百度百科).(引用时有删节,对标点符号和错别字略有修改)

从上面这段文字可以看出,当前的商业化力量对青少年亚文化的收编,造成的一个重要结果就是青少年亚文化内涵的削弱、丧失,或者被置换成一种对主流社会具有肯定性态度的流行文化,进而造成青少年文化个性的消失。同时,原本处于边缘的青少年亚文化迅速渗透到日常生活里,并和商品、广告、传媒相结合,成为流行时尚。诚如詹姆逊所言,"后现代主义文化已经是无所不包了。文化和工业生产以及商品已经是紧紧地结合在一起,如电影工业以及大批生产的录音带录像带等等,在19世纪,文化还被理解为只是听听高雅的音乐、欣赏绘画或看歌剧,文化依然是一种逃避现实的方式。而到了后现代主义阶段,文化已经完全大众化了,高雅文化与通俗文化、纯文学与通俗文学的距离正在消失……后现代主义的文化已经从过去特定的'文化圈层'中扩张出来,进入人们的日常生活,成为消费品。"(詹姆逊,1986)[147-148]

因此,青少年符号消费的亚文化取向,表面上看具有鲜明的个性特征和独立的价值诉求,实际上,这种独立性背后隐藏着深刻的商业逻辑的控制。青少年亚文化的风格一旦被商业加以包装,变成一种所谓的流行时尚而批量化生产,那么,其性质就会或多或少地发生改变。这种现象在当前消费社会的生活景观中日益突显,也构成了亚文化取向的青少年符号消费及其身份认同难以逃脱的宿命。

它[①]拒斥主流、不屑于成为主流,它虽然大张旗鼓,但仍然摆着孑然独行的姿态;它的内容和形式会被主流文化、大众市场非常技术地利用和整合,被持续不断主流化、大众化,它就排斥这些非青春化或泛青春化的东西,以新的亚文化内容和形式来填补漏洞、扩

---

① 指青少年亚文化。

充自身。在这个意义上,可以说青春亚文化的一个基本主题就是反主流化、反时尚(流行)。然而,正因为如此,青春亚文化是一种主流化的运动,是一种时尚(流行)文化。这是一种以流行去反抗流行、以时尚去消解时尚的文化景观。这一点正是在当代都市文化语境中的青春亚文化呈现的一个悖论,也正因为这个悖论,青春亚文化与大众文化在深刻的对峙中又有着深刻的统一交融。今天,我们不能设想抽去了青春亚文化,大众文化还有什么内在的动机可以持续运转;同样,我们也不能设想离开了大众文化,青春亚文化还能够依靠什么机制实现自身的独立存在并且得到真实的文化表现。(肖鹰,2004)[205]

由此可见,青少年符号消费作为一种身份认同的文化资本,主要通过一种不合作的态度与主流文化、成人文化相疏离。但是,青少年的这种不合作并非诉诸一种直接的、强烈的权力对抗,也不是在诸如政治、阶级、民族等宏大的主题内进行抗争,而是巧妙地通过生活方式这一较为宽松的文化空间,向成人社会策略性地诉说着他们的审美趣味、兴趣爱好、文化追求,隐而不彰地对社会的制度化要求表示他们的不满、疲惫和厌倦。但是,在消费主义日益泛滥的今天,文化工业的触角已经渗到各个领域,青少年亚文化也难逃被商业化的命运。这就从根本上制约了青少年符号消费及其身份认同的独立性。

第四章
身份认同与符号消费：
青少年文化母题的当代表征及功能

在青少年通过符号消费谋求身份认同这一文化现象中，身份认同构成了青少年符号消费的所指，表明了青少年符号消费的主要目的和意义。而符号消费的信息化、时尚化以及空间化则成为青少年认识自我、表达自我、证明自我的重要载体和素材。不管青少年在符号消费中构建起来的文化意义指向的是流行文化还是亚文化，它都反映了当代青少年独有的价值观念、审美态度和生活品位。在这里，需要追问的一个问题是：为何是符号消费而不是其他方式成为了当代青少年身份认同的主要途径和表达渠道。也就是说，作为符号消费的认同方式与其他认同方式的不同之处在哪里；在诸多认同方式的背后，青少年需要表达的内容有何不同；符号消费本身是否具有独立的价值和意义。对于这些问题，必须回归青少年本身，特别是回到青少年文化的特殊性上来寻求答案。

一、身份认同：青少年文化中的母题及其当代特征

不管青少年文化在不同的时空环境中具有何种特殊的表现形式，一些基本的母题总是反复出现在不同年代，不同地域的青少年文化中，构成青少年文化在社会结构中得以辨识、表现的内在动力和价值诉求。青

少年文化中的基本母题可以归结为身份认同。青少年文化中林林总总、令人目眩神迷的表现形式，大多源于一种内在身份认同的驱动。

（一）青少年文化母题的基本内容

认同问题是青少年时期一个突出的社会心理—文化现象。这一现象的产生主要源于青少年时期独有的矛盾。一方面，青少年的生理心理机能迅速走向成熟，自我意识、思维能力得到巨大的发展。另一方面，青少年所需要的社会机能却没有与生理、心理的成熟一起变得完善和成熟。这种社会机能的不成熟主要表现为青少年缺乏社会经验、社会能力、社会资历以及社会财富等。这一矛盾的外化为社会对青少年的限制以及青少年对这种限制的抵抗之间的矛盾：社会对青少年的限制源于青少年社会机能的不足与不成熟，而青少年对这种限制的抵抗则源于其生理心理的成熟与丰富。因此，限制与反限制成了青少年发展中的基本主题。这一主题的具体表现就是青少年对身份认同的极大关注与热切追求。

实际上，身份认同可以简单地归结为一种在社会结构中谋求地位的需要，在此过程中，伴随着一系列与之相关的权利、利益、文化、生活方式等方面的价值诉求。从青少年文化发展的基本历程来看，"二战"后几乎所有的青少年文化事件都可以纳入身份认同的框架中进行分析。从20世纪50年代中期美国出现的"垮掉的一代"，以及与此同时在英国大地上以"特迪"为先导和随后出现的诸如"光头党"、朋克、摇滚乐、嬉皮士，再到以后的雅皮士、波西米亚、布波族、新人类乃至新新人类等青少年文化，不管其在生活方式、文化品位等方面与社会之间的对抗性的激烈程度如何，其中一以贯之的基本母题都是寻求自我在社会中的地位，满足表达自我、证明自我的身份认同需要。

> 我们这一代人几乎像机器一样被使用着。我们有责任确立标准，争取更好的教育，以便能够循着长者的路走下去。可为什么要这样？要是我们成为照搬前人的一代，事情就会变得更糟。可是我们怎么办呢？我们对每一个人的巨大的爱，我们需要人与人的普遍理解，我们需要思考自身，表达我们的感情，可是这一切都不存在。我试

图寻找我们还需要什么，然而我却不能随心所欲地去寻找。因为我刚这样做，就受到长辈和那些不想听也不愿看的头脑顽固的人的嘲笑。计算机代替了思想，电子仪器正在越俎代庖，这只会使事情更加混乱。

我承认，我们应该遵守某些基本的规则，但首先应该搞清楚这些规则是谁制订的。

有时，我来到一片荒凉的海滩，倾听滚滚涛声和鸟鸣；我似乎听见它们总是在呼吁、在哭泣。有时我们会有这种感觉，但每个人都忙着自己的一摊事，害怕站下来听，害怕打碎自己的小天地。

答案就在某个地方。我们需要去寻找。

资料来源：美国得克萨斯州一位15岁少年迪克森写的一篇随笔。转引自：米德．代沟 [M]．北京：光明日报出版社，1988：75-76．

就我国当代青少年文化来看，从新中国成立到改革开放前这样一段时间里，青少年亚文化的独立性并不突出。在精神实质上，它更多的是主流文化在青少年文化中的体现。因此，从严格的角度讲，这一时期青少年文化几乎被主流文化所收编，其与主流文化之间的抗争性已被大大削弱。（不可否认，这一时期仍然存在着一些地下的、被社会严格控制乃至镇压的青少年亚文化形态。）应该说，这是主流文化一统天下的时代。改革开放后，社会上出现的种种文化热潮极大地冲击了主导文化和精英文化的控制。如对"潘晓现象"的讨论、"奉献精神"的讨论、"自我与社会"问题的讨论等。在这些文化热潮中，以高校青年学生为主力的青少年群体以"理想主义"为旗帜，向主流文化和成人社会宣泄着他们对社会的不满以及谋求社会地位、担当社会责任的热情。贯穿于这些大讨论的基本主题是人生如何定位的问题，这实际上是身份认同问题的另一种表达方式。

从20世纪70年代末至80年代中期，青少年文化最主要的表现形式是文字，即诗歌、小说，除此之外，歌曲、影视和服饰等也成为青少年身份认同的重要素材和表征方式。诗歌作为抒情言志的工具，在这一时期受到了青年的极大欢迎，北岛、舒婷等朦胧诗人几乎成了当时青年人的精神偶像。"伤痕文学"、"知青文学"、"寻根文学"还有探索与实验性小说,也是青年文化的重要表现形式;邓丽君、崔健等的歌曲,也成为青年人的最爱。至于服饰,在这一时期的文化表现功能更是不言自明。当然,用服饰来展现自我的一个高潮,当推 1990—1991 年的"文化衫"热潮①。到了 20 世纪 80 年代中期至 90 年代初,除了上述形式之外,各种集体行动也成为青年文化的一个重要表现形式(陆玉林,2002)这种青少年集体行动不管其性质如何,都表现了青年群体所拥有的、有别于主导文化所倡导的某种价值取向。

但是,这种"理想主义"的青少年文化随着市场经济的逐步建立以及改革开放步伐的不断加快,逐渐被淹没到消费主义的浪潮中。对于当代青少年而言,济世的热情已经成为上一代的历史记忆,现实的宏大叙事已经淡出他们的精神生活,而主流文化也仅仅是教科书上需要他们记牢以应付考试的知识点。商品经济、教育收费、自主择业等一系列新问题让他们茫茫然又昏昏然。(姚爱斌,2005)这使他们很难像上一代的青少年那样通过一种畅快淋漓的"理想主义",来向社会表现或证明自己存在的独立性和价值。在这种情况下,青少年需要寻找一个新的对象,来作为其表现青春亚文化的边缘性和抗争性的载体。也就是说,除了阶级、种族、性别、国家等宏大叙事之外,青少年迫切需要一种与其日常生活紧密相关的文化形态来彰显其存在的独立性和合法性。"风格通常是青年亚文化群中的一个占统治地位的明确特征。劳动生活中的珍贵的收获、钱和闲暇变成了对自我形象的戏剧评论的投资,这种自我形象的目的是为了在阶级、教育和职业角色——尤其是当职业角色十分低下时——之外确立一个本体。"(布雷克,1990)[18]因此,作为现代生活风格重要体现之一的符号消费,无疑成了青少年投注青春热情、展示自我价值、表达社会愿望的新的文化形态,构成了他们身份认同的一个本体。

从新中国成立后我国青少年文化的演进路径来看,不管青少年文化

---

① 1990 年上海兴起了"男人穿花衣服"的热潮。在此之后,各种"沙滩装"、"植物图案装"、"田园风光装"、"回归自然装"等概念很快出现在时尚杂志上,像上海东方大厦这样的高级时装店也挂满了这样的服装。一下子,青年男女穿着各种各样的"概念服"出现在大街小巷,由此引发了一场"男性着装标准"的讨论。在"花衣服热潮"的带领下,青年人穿衣服变成了穿"概念":回归自然、复古主义、"环保风"、休闲衫、个性化、极简主义、"新生代"、"后新生代"、"次新生代"等。男性青年通过着装时尚体现了他们的价值偏好:宽容、随意、自我主义。参见:陈薇. 青年时尚的足迹:1990—2003 [J]. 中国青年研究,2003 (7)。

在具体表现形态上存在何种不同,其基本内涵或母题是始终如一的,即如何处理社会限制与个体反限制之间的矛盾,这一矛盾的现实表现就是青少年对身份认同这一母题的反复追问和具体行动。

(二)青少年文化母题形态的嬗变及当代特征[①]

从历时性的角度看,在当前符号消费的生活景观中,青少年表现出来的身份认同特征与"80前"的青少年相比,既有其绵延不变的一面,也有其独特的时代文化特性。就两者的共性而言,青少年时期的基本矛盾仍然从深层次上制约着青少年身份认同的内在逻辑。也就是说,当代青少年在符号消费这一认同方式中需要解决的基本问题,依然是生理心理机能的成熟与社会机能的不成熟之间的矛盾。因此,如何平衡成人社会的限制与青少年的反限制之间的矛盾,仍然是青少年通过符号消费实现身份认同时不得不考虑的首要问题。这既关乎青少年身份认同实现的程度,也关乎其身份认同的根本指向。所不同的是,在符号消费中青少年的身份认同方式及程度发生了新的变化。

首先,从青少年身份认同的话语取向而言,"80前"的青少年更多的是一种政治或精英理想主义取向的认同,而当代青少年则更多的是一种日常生活取向的认同。"80前"的青少年大多生活在宏大叙事的政治话语背景下,理想主义是其身份认同的重要价值取向。这一现象在"文化大革命"的红卫兵运动和轰轰烈烈的"上山下乡"运动中表现得最为突出。从20世纪80年代初到90年代初这段时间里,青少年的身份认同依然是一种政治与理想主义取向。虽然这一时期的青少年文化与"文革"时的青少年文化相比,在独立性、表现形式方面都发生了明显的变化,但其内在的价值诉求仍然是一种崇高而沉重的社会责任感和使命感。这一时期的青少年,不管其在表达方式上与主流文化存在何种分歧和冲突,大多怀抱着赤子之心,渴望能够在社会主义现代化建设的宏伟蓝图中建功立业,书写自己火热的青春。然而,随着市场经济建设步伐的日益加快

---

① 本部分关于"80前"青少年文化认同特征的论述主要采用了陆玉林教授的观点。参见:陆玉林. 当代中国青年文化的回顾与反思 [J]. 中国青年政治学院学报, 2002 (4).

以及对外开放力度的不断加大，曾经在青少年身份认同中扮演重要角色的政治话语逐渐让位于经济、生活的话语。而符号消费则是这种认同话语转变的一个突出体现。对于当代青少年而言，他们没有父辈那种深刻的历史记忆，也缺乏对苦难岁月的切身体验。那些曾经被年长一代视为高于一切的政治抱负和理想激情对于他们而言，更多的只是一种教科书上的描述或一种久远的故事，与他们当下或将来的生活并无多大的关联。因此，这种政治话语取向的身份认同常常遭到当代青少年的抛弃，他们转而投入到一种与当下生活密切相关且更为轻松、欢快的符号消费的身份认同之中。

其次，从青少年身份认同的方式而言，"80前"的青少年更多地采取一种参与式的认同方式，而当代青少年则主要呈现出一种表演式的认同方式。"重在参与"曾经是"80前"青少年的口号，而青少年文化也确实"重"在"参与"。青少年寻求身份认同的主题在不同时期也不尽相同。诸如成才（1984）、改革（1985）、民主（1986）、恋爱（1987）、经商（1988）、出国（1989）等不同年代青少年谈论的主题，不仅表现在他们日常的口头话语中，而且具体地落实到他们的行为实践当中。如谈民主的年代，大学里社团遍地，参政与议政的热潮激情澎湃；而谈经商的年代，摆书摊、卖方便面等也成为学校中蔚为壮观的一道风景。（陆玉林，2002）从根本上而言，这一时期青少年在身份认同方面的积极寻求，其根本目的是希望通过集体行动来展示自身的力量和思想，从而谋求自身在社会结构中的合法性和正当性。

20世纪90年代以后，青少年认同的实践路向发生了新的转变，从对社会活动的高度参与中逐渐退却出来，转而表现为一种自我陶醉的表演式认同。他们关注的焦点不再是对社会现实的参与和改造，而是对自我风格、品位、兴趣、爱好的着迷与经营。从当前的各种符号消费中，我们不难看出当代青少年的身份认同具有很大的表演性特征。他们大多追求一种自得其乐、自以为是的个性，因此，过分的夸张与不按常理出牌成了他们谋求个性的重要方式。表演性的青少年身份认同，其社会指向性和政治色彩并不强烈。青少年在追星、染发、玩酷、蹦迪、奇装异服等符号消费行为中不追求什么社会厚度，也缺乏对社会问题、政治问题的直接反应和主动参与，他们主要关注的只是在自己的空间中能够自由地成长和发展,需要的是来自同伴的掌声和欣赏。但是,青少年的这种认同方式,"通过各种象征符号、服饰风格等等的组合,为青少年在集体意义中提供强烈的个体意识",又在家庭和学校的控制范围之外,使其"拥有一个相对自足自治的空间,这使它更为有力地削弱了其他社会机构对青少年的规范"(默克罗比,2001)[222-223]。因此,这种带有逃避主流或成人文化规定性色彩的文化形态,也容易被社会或成人判定为消极的至少是不健康的生活方式,在一定程度上引起家长、学校以及那些具有强烈精英主义价值取向的学院派学者们的"道德焦虑"。

再次,从青少年身份认同的策略来看,"80前"的青少年大多是通过一种较为直接、激烈的对抗方式实现自身的认同,而"80后"的青少年则主要选择间接的、犬儒主义的宣泄化策略谋求个人的认同。与主流文化或成人文化的对抗,一直是青少年在身份认同过程中的一个价值基调和内在动力。在某种意义上甚至可以说,青少年文化就是一种对抗文化。但是,青少年在身份认同过程中所表现出来的对抗程度和对抗方式却带有明显的时代特色。20世纪70年代中期至80年代末,青少年文化与主流文化的对抗是非常直接且强烈的。朦胧诗、崔健的歌、王朔的小说、《河殇》现象等对当时的主流文化的反叛自不待言,就是男青年留长发、穿喇叭裤等日常生活方式也带有明显的与主流文化对抗的味道。(陆玉林,2002)这种对抗或反叛现象的产生,与当时青少年成长的社会环境有很大的关系。一方面,从"文革"的桎梏中走过来的年轻一代,对新生活饱含着热情与期望;另一方面,社会生活中的诸多问题却又使得他们难以适从。理想与现实的落差带来了这一代青少年内心的苦闷与不满。这种不满受到社会的控制,因而在某种程度上加重了青少年的反抗。但是,这种社会控制的力度随着改革开放的发展而呈现出逐渐减弱的趋势,与此同时,改革本身所蕴涵的革故鼎新的批判精神,在一定程度上也激发了青少年开展社会批判的热情和勇气。在这种情况下,批判现实,对抗主流文化便成了那一年代青少年文化表征和认同的重要方式。

20世纪90年代之后,社会对青少年的控制更加松动,而改革开放则进入了一个稳定发展的阶段,社会财富空前增多。与此同时,主流文化对青少年文化不再是简单的打压和批判,而是采取了一种新的控制方式,即对青少年文化的非政治化引导。这样,青少年的青春激情就被引到了与日常生活息息相关的各种流行文化当中。这在无形中大大削弱了青少年文化与主流文化之间的对抗。从当前青少年中种类繁多的符号消费来看，其基本的价值取向是表达一种青春的激情、难以名状的感伤以及犬儒主义的人生态度。对于这些青少年而言，各种符号商品是他们对人生进行任意拼贴、戏仿的重要资源。这就使得"现时代的流行歌曲乃至于最富反叛与对抗情调的摇滚乐，虽然还存在着反叛色彩，但对抗的意味已不再明显。'恋爱大过天'之类的流行音乐只是要赚青少年的钱和尖叫而不是让他们跟谁去作对；卫慧、棉棉之类美女作家用身体写作的小说只不过是满足青少年们想看色情文学的青春冲动；余秋雨之流的散文也不过是让年轻人知道如何抹'文化口红'；而青少年们模仿至尊宝的说话方式、玩酷、玩飘等等也不过是要让对面的靓妞、帅哥看过来。现时的青年文化，几乎见不到多少对抗，有点反叛，也不过是缺少了权力支持的还珠格格式的对某种规范的戏弄而已"（陆玉林，2002）。然而，这种以宣泄为主要表征方式的青少年身份认同，并不是要取消其与主流文化和成人文化之间的对抗。只不过这种对抗的方式与程度较之以往已经发生了变化。这是一种不拒绝的抵抗。因此，当代青少年在符号消费中所表现出来的文化形态，与主流文化之间呈现出一种非常微妙的关系。

最后，从青少年身份认同的基本价值内核来看，"80前"的青少年身份认同主要建立在一种一元化的价值基础之上，而"80后"的青少年则表现出明显的多元化的价值取向。虽然20世纪90年代前的青少年文化在表现形式上也有着多种形态，但是，这些文化形态实际上是以马克思主义或理想主义为基本价值内核的，目的是积极地介入并改造社会。然而，这种一元化的价值基础在当前消费社会的生活景观中，受到了青少年日益多元的价值取向的强烈冲击。在目前的青少年身份认同所包含的价值取向中，虽然我们大致能够区分出流行文化与亚文化这样两种主要的价值类型，但是，在这两种价值类型中，实际上也包含着诸多的子文化形态。另外，诸如阶层、性别、地域等因素也在深层次地制约着当代青少年的价值取向。从表面上看，当代青少年在符号消费方面有着众多相似的行为表现，如钟情于偶像消费、喜欢摆酷等。但是，其中所包含的价值原则是不一样的。有的可能是出于从众的目的，而有的则是为了突显个性，或者是为了纯粹的炫耀，不一而足。因此，我们很难说哪一种价值观可以作为当前青少年身份认同的基本内核。简单地用"酷一代"、"飘一代"来描述现在的青少年,都难免会落入简化论的以偏概全的窠臼之中。可以说,在符号消费年代,小众化是当前青少年身份认同在表现方式上的基本特征。

(三) 符号消费为何成为青少年文化母题的当代表征

身份认同作为青少年文化中的基本母题,导源于青少年时期内在的特殊矛盾。对这一矛盾的追问和平衡,成为青少年成长和发展的基本主题。从青少年文化发展的基本脉络来看,不同时期的青少年在表现这一母题上都具有不同的形式。在很大程度上,这些不同的表现形式都与这一时期青少年所处的社会政治、经济、文化环境有着十分密切的关系,也与社会或成人对青少年的期待和认识密切相关。当前,符号消费之所以成为青少年身份认同的重要方式,也与这些因素有着密切的关联,其中既有青少年自身主动选择的因素,也有其时代必然性。

首先,当代社会主题由以阶级斗争为纲向以经济建设为中心的战略性转变,特别是改革开放的实施和市场经济的建立,促进了社会经济的巨大发展和社会财富的空前增多。这在客观上为大规模的集体消费提供了必要的物质前提。与此同时,随着政治体制改革的不断深入,政府权力从社会领域、私人领域中逐渐淡出,公民个体的自由程度明显增大。公民在个人生活方式、消费方式、审美品位等私人领域中自我谋划和自我设计的社会空间以及相应的舆论空间也日益扩大。这为各种符号消费行为提供了必要的社会空间。此外,大量来自海外的影视剧所展现和宣扬的消费主义的生活方式,也为人们的种种符号消费行为提供了例证和资源,从一个侧面支持了符号消费的文化合法性。与此同时,在拉动内需的经济政策的鼓励下,各种超前消费、信贷消费获得了制度力量的支持而日益发达。这样,无论是从政策上、文化上,还是从物质上,大规模的符号消费都获得了前所未有的发展空间,成为社会成员认识自我、展示自我的新素材和新途径。在这种环境中成长起来的年轻一代,不可避免地会受其影响,并且由于这种新的认同方式更契合他们求新求异的身心特点,因而更容易在他们当中流行。

其次，当代社会文化结构的变化所带来的文化产业以及大众文化的勃兴，在很大程度上实现了商家、广告商、媒体以及消费者的四位一体，消费者的消费方式深受以媒体为主要载体的大众文化的影响。也就是说，当前消费者特别是青少年消费者的符号消费行为，主要是在现代传媒的诱导下产生和流行的。关于这一点，可以用美国大众文化研究学者约翰·菲斯克（John Fiske）的两种经济理论来作进一步的说明。菲斯克认为，各种大众文化产品同时流通于两种同时存在却各不相同的经济当中。其中，财政经济（financial economy）流通的是金钱和财富，文化经济（cultural economy）流通的则主要是"意义、快感和社会身份"。（转引自杨击，2006）[192]菲斯克以电视节目为例，对这一问题作了细致的分析。他认为，在财政经济中，制作者把电视节目卖给发行人，在这一环节中，节目纯粹是物质商品。然后，作为商品的节目变成了生产者。它生产的产品就是新的观众，而观众则被卖给广告商或赞助商。通过这样一个过程，节目完成了它在财政经济中的流通。在文化经济的流通模式中，观众的地位已经由财政经济流通中的商品变成了生产者，而文化经济产品的形式就是负载在各种商品上的形象、思想和符号。因此，观众在观看特定的节目时，自觉不自觉地获得了一种心理满足、快感以及对现实的种种幻想。由此可见，现代传媒与商家、广告商的共谋，最终实现了对消费者消费品位和消费方式的诱导与控制。在某种意义上，现代传媒可以看成符号消费泛滥的直接推动者。当代青少年从小就浸淫在大众传媒的话语和图像符号之中，更容易对媒体上的各种商品所宣称的美好生活和人生意义产生认同。

再次，正如前文所述，作为一种认同方式，符号消费较之吸毒、赌博等具有明显社会危害性和自我破坏性的方式更容易得到社会的宽容或家长的默许。在青少年成长过程中，控制和反控制是其中一个重要的主题。如何解决这一主题所带来的焦虑和不安，突显自我的社会地位和个体权利，是青少年文化的基本特质。问题的关键在于，对这一矛盾的解决可以有多种方式，既可以采取直接的、激烈的对抗方式，也可以采取间接的、隐蔽的方式。有学者认为，青少年中潜藏着三个反叛主流文化的传统，这三个传统是：第一，过失行为。对各种陈规旧章与现行制度的反感、冒犯。第二，放纵主义。对任何事情都漠不关心，只关心自我的形象。第三,激进主义。对现行政治经济进行激烈地反叛。(布雷克,1990)[115]。在这三个传统中,青少年与社会之间的对抗程度是逐渐加剧的。而当前青少年采取符号消费的方式来解决这种青春期的冲突,实现身份认同,对社会或成人而言,是一种危害性相对较小的偏差行为,充其量是一种"放纵主义"的反叛方式。因此,符号消费的社会危害性和破坏性相对不高的现实,为其赢得了相对宽松的社会环境。此外,独生子女政策的实施、家庭实际购买力的提高,以及家长头脑中根深蒂固的"再苦不能苦孩子"的育子观念的作用,客观上增强了青少年符号消费的经济资本。

综上所述,青少年的身份认同除了受其身心发展的特点和规律的影响之外,还深受社会政治、经济、文化等结构性要素的外在制约。在很大程度上,正是由于各种外在结构性要素的不断变化,才造就了青少年身份认同表现形式的多样化和变动性。符号消费作为青少年文化母题——身份认同的当代表征,具有明显的时代特色。不管流行文化取向的符号消费与亚文化取向的符号消费在内涵意义上如何不同,透过当代青少年纷繁复杂、花样繁多的符号消费现象,我们不难看到其中所内含的基本主题,仍然是对"我是谁""我属于哪里"以及"我要走向何方"等具有本体论色彩的问题的追问以及在这种追问基础上的各种尝试。由此可见,对于青少年文化而言,变化的只是形式,不变的则是主题。这是我们理解青少年文化所应把握的基本原则。

二、符号消费:青少年文化的美学功能及教育意义

长期以来,人们对青少年文化的价值或功能的分析,大多着眼于其所包含的意义(所指),而较为忽视其文化形式本身(能指)所具有的价值和意义。也就是说,人们对青少年文化的评价,基本上遵循的是内容重于形式的价值取向。实际上,一种文化就其纯粹的形式本身而言,也具有多方面的功能和价值。正如加拿大著名传播学者马歇尔·麦克卢汉

(Marshall Mcluhan)的传播理论反复强调的,媒介本身也是一种信息①。在美学上,形式本身即能指,它具有特殊的意义。有人甚至提出:"没有审美形式就没有审美价值。"(杜书瀛,2003)[18]因此,文化符号的能指不仅仅是为其所指服务,也不仅仅是充当一种传播形式,它本身就包含着特定的信息或美学功能。(卢德平,2007)[181]这一点对于我们分析当代青少年的符号消费具有十分重要的意义。青少年身份认同作为一种表征系统,其内含的意义或价值需要借助一定的媒介来呈现、表达、交流和传播。而符号消费则在当前的青少年身份认同中充当了这种媒介或载体。本书第二章重点分析了作为能指的符号消费在形态上的特点对于青少年身份认同的影响。在这里,我们需要将分析的重点转回到符号消费本身,缕析出其中所体现的美学意味。

（一）符号消费的美学功能

当前,作为青少年身份认同重要载体和素材的符号消费,呈现出多姿多彩的文化景观。这一文化景观的重要特征是它在形式方面的生动性和表现方式上的感性化。因此,青少年的符号消费更多的是一种诉诸视觉震撼的表现型文化。作为能指的符号消费本身,必然蕴涵着某种诗学或美学的功能。这一功能的实现,主要建立在对符号消费的对象进行超编码②的基础之上。超编码的一个重要表征是在物品基本形式和外形的基础之上,通过各种艺术手段的排列组合,突显物品外在的形式美。炫目的外表、令人叹为观止的形象以及细微之处的精心打磨等,都是符号消

---

① "媒介即信息"是麦克卢汉提出的重要命题。他认为媒介即信息指的是媒介对个体和社会的影响源于新的尺度的产生;任何一种新的媒介都要在我们的事务中引进一种新的尺度。一种新媒介的出现总是意味着人的能力获得一次新的延伸,从而总会带来传播内容(信息)的变化。媒介即信息的另一层含义是:一种媒介是另一种媒介的内容。即任何媒介的内容必然包含着文字、音频、图像等符号或其他可以传输的东西。参见:麦克卢汉. 理解媒介[M]. 北京:商务印书馆,2005:34.

② 超编码是意大利符号学家艾柯在其《符号学理论》一书中提出的一个概念,其基本含义是:强调各种风格和修辞规则对于人们表达某些基本内容的原始语言或语词的进一步加工,从而使得一般的日常话语更具有文采和生动性。用艾柯的话说就是"语词语言之中所实施的整个一系列风格和修辞规则,就属于超编码的实例"。参见:艾柯. 符号学理论[M]. 北京:中国人民大学出版社,1990:157.

费中超编码设计的重要原则。因此，符号消费所张扬的美不同于传统美学所追求的内在的、崇高的美，而是一种直接的、当下的，与生活方式融为一体的感性的美，其目的是营造一种视觉奇观上的饕餮盛宴。当前，青少年在外形着装上所追求的"酷"、"炫"、"拉风"、"in"等，无不体现着这样一种视觉美学的诉求。因此，从美学的视角来观照青少年的符号消费，我们不难发现，青少年所欣赏、表达的是一种视觉美学，强调的是通过一种视觉上的震撼来获得直接的、当下的、美轮美奂的感官愉悦。这种美学观念不可避免地带有一定程度的肤浅性、庸俗性。但是，如果我们不以传统审美原则中内容重于形式的评价逻辑来审视青少年的符号消费，那么，其中的一些积极因素是值得肯定的。

在我国，在很长一段时期里，文化生活的呈现和塑造往往偏重于文化的所指（意义、内容、思想性方面），甚至在某些情况下以所指作为文化艺术交流的首要目标，而忽视了能指（形式）本身所具有的艺术功能。"文以载道"反映了我国传统文化中关于内容和形式关系的主导认识。在这种关系中，"文"作为"道"的载体，其存在的价值是为"道"服务。也就是说，"道"的有无及其意境的深远程度成为评判"文"是否有价值的主要依据。在这种内容和形式的关系结构中，形式被放置于边缘、从属的地位。这一点在"文革"时期流行的样板戏中反映得十分明显。改革开放后，虽然文化形式已经由过去的单一、呆板日益走向多元与活泼，但是，文化生活中的各种形式如电影、电视剧、音乐等，仍然存在一种编码不足的缺憾，这突出反映为"高度模仿的情节模式、演员程式化的表演、不够唯美的画面、充满意识形态色彩的旋律和歌词，如此等等"，这些"皆反映了在这类文化艺术的能指侧面所作的努力不足，以及作品美学功能的欠缺"。与此形成对比的是，以"韩剧"为代表的"韩流"文化，在文化艺术的能指方面进行了精巧、细致的超编码处理："精挑细选的演员阵容可以满足潇洒和美丽的全部标准；还有仔细设计的唯美画面、感人的情节、独特的叙事技巧"（卢德平，2007）[181]，使得整个情节和画面充满一种视觉美感，从而给观众带来身心的愉悦和情绪的释放。由此可见，文化的能指的作用，不仅仅在于其相对于所指的工具性功能，而且其本身就具有独立的美学价值。

（二）符号消费美学功能的教育意义

从接受美学（receptional aesthetic）的角度看，审美对象的意义并不仅仅存在于审美文本中，也不单纯存在于从事审美活动的人身上，而是存在于两者之间的交互关系之中。"文学作品有艺术的和审美的两个极点，艺术的极点是作者的文本，审美的极点则通过读者的阅读而实现。"（伊瑟尔，1988）[507]也就是说，没有被读者阅读的审美文本并不能称为审美作品。任何审美文本都是未定性的，具有多层面的未完成的图示结构，它只是审美作品的一部分而非全部。因此，审美文本总是有许多"空域"（blank）需要读者的填充。这表明了在审美鉴赏活动中关于美的意义的解读所具有的开放性和多样性。由此来审视青少年的符号消费，我们不难发现，对于各种符号化商品的美学价值的欣赏，青少年有着一套不同于成人社会的审美原则。这套审美原则从传统审美的标准来看或许并不高雅，甚至难以纳入审美的范畴，但从接受美学的视角看，它们同样具有审美上的合法性，因为这也是对审美文本"空域"进行主动填充的一种尝试。

因此，对青少年符号消费所包含的美学功能的揭示，有利于我们更好地理解当代青少年。当代青少年对于商品形式或自身外形的关注，其主要目的就是要卸载掉太多所指的负担，寻求一种简单、原始的快乐。仅就这一点而言，青少年的符号消费是无可厚非的。这涉及承认"享受的合理性"对于青少年健康成长的意义。毕竟，当代青少年身上已经负载了太多来自家庭、学校、社会以及自身的期待和责任，他们所面临的是一个较之父辈那个年代更为激烈和残酷的竞争环境。在这种情况下，他们或喜欢韩剧，或喜欢 hip-hop，或喜欢其他一些不为他人特别是家长和学校所认可的东西，在这些活动中，他们可以获得暂时的情感释放和轻松一笑，这对于青少年的成长是不无裨益的。对此，家长、学校乃至社会要给予必要的理解。没有这种理解，青少年、家庭以及学校之间的相互沟通就失去了必要的前提。然而，所谓的理解并不是抽象的，它应该体现在青少年日常生活的点点滴滴之中，而不是仅仅停留在学习方面。在这里，需要我们注意的一个问题是，不要仅仅从文化符号的所指层面去要求青少年文化消费的思想性、艺术性或者深刻性，更不能以所指去否定能指的美学功能。有时候，如果学校教育或家长能够从传统的审美观和精英主义的固有藩篱中走出来，平心静气地与孩子一起欣赏他们符号消费的杰作，共同探讨其中的美与不足，或许更有利于代际之间思想的交流和沟通，也更有利于教育的顺利进行。

此外，我们要充分重视青少年的审美特点和认知规律，在学校教育教学中强化知识传递载体本身的可欣赏性和可视性。商品的符号价值及其象征意义之所以为广大青少年所接受和追捧，其中一个很重要的原因就是商品的符号价值借助现代传媒的图像、声音、色彩等要素的立体生动的组合，呈现出了一个五彩斑斓、富有美感的感性世界，对人进行全方位的视觉洗礼和声音劝诱。这种呈现方式与青少年的审美特点和认知规律具有较大的一致性，容易引起青少年的情感共鸣，使其在不知不觉中认可并接受其所要传达的价值观念和思想意识。在这一过程中，没有乏味、生硬的说教，也没有以一种高高在上的姿态来标榜其所表达的价值观念的绝对真理性。而是以一种生活化的、温馨的、平易近人的口吻与画面，将其所要表达的内容巧妙地蕴涵其中，使其自然地流淌出来，从而使人产生愉悦感，令广大青少年"虽不能致，然心向往之"。由此反观当前的学校教育，往往太过于重视对知识或道德、情感、价值观等的直接传授，而忽视了对这些内容在具体传递过程所依赖的载体进行审美化改造和加工。学校教育太过于注重以纯粹的"道"去吸引人、感染人，以致在很大程度上忽视了对"道"的表现形式的修饰和美化，从而不可避免地远离了当代青少年学生的生活现实和认知特点。这种形式上的不足会损害"道"的充分表达和有效传递。因此，学校教育必须对教学的形式问题给予足够重视，要让知识、道德、情感、价值观的传递载体本身具有一种美学的意味。

最后，我们在向青少年"传道、授业、解惑"时，应该让他们在其中获得一种愉悦性。这种富含愉悦性的教育，通俗来说就是一种寓教于乐的教育。符号消费对于青少年而言，更多的是一种诉诸感官愉悦的体验活动。在这一过程中，青少年的青春激情、感性冲动可以得到尽情地表达和宣泄。因此，愉悦性对于青少年的成长而言是至关重要的。从教育的角度去观照当代青少年的符号消费，我们不仅要批判性地探讨其负面意义,更要看到青少年在这种符号消费中建构的自我认同(self-identity)、获得的愉悦(pleasure)和力量(power)等正面因素。基于这样的认识来审视当前学校教育,我们不难发现,现有的教育方式和教育体制在学生愉悦性的获得方面所作的努力是不够的。在考试至上的社会环境中,家长和学校似乎形成了某种共识——一切为了分数、成绩。在这种教育逻辑中,学生的愉悦体验是不重要的,重要的是如何能够更好、更快、更多地提高学生的学习成绩。然而,没有愉悦性的教育是痛苦的,也是低效的,甚至是悲剧性的。在当前这样一个学历社会中谁都不会否认成绩的重要性,问题的关键是能否寻找到一种既能给予学生愉悦性,也能发展其知识和道德的教育方式。愉悦性的享有和知识的获取不应该是一种非此即彼、根本对立的矛盾关系。如何在不破坏学生愉悦感的同时去发展学生的批判思维能力(don't destroy students' pleasure,but develop their critical thinking)(Alvermann,1999),是当前学校教育在面对消费社会中感官愉悦的泛滥这一现实时,不得不加以严肃思考的一个现实问题。

　　正如一味抬高文化符号的所指地位必然带来种种弊端一样,过分渲染、抬高符号消费的能指在青少年发展和学校教育改进中的作用,也会带来实践和理论上的种种谬误。对于青少年的符号消费,我们应既承认其蕴涵的某种合理性和优势,也要正视其内在的普遍性弊端或缺陷,从而作出全面、准确的学理阐释和评价,为其在青少年成长和学校教育中的作用划定合适的范畴,规定合理的任务。毋庸讳言,符号消费与生俱来的商业性、消费性、当下性、犬儒主义等特征,对于学校教育目的的实现具有一种潜在的消解作用。因而,学校教育对符号消费以及与之相关的大众文化的吸纳和观照,必须具有清醒的边界意识,防止其在教育中"越位"而导致教育和人的庸俗化。

　　首先,符号消费作为一种商业文化,具有很强的消费性和感官刺激性,容易导致享乐主义在青少年学生中的流行,不利于诸如勤劳节俭等传统价值观的传承与弘扬。符号消费赖以存在与发展的基础在于资本逻辑在当前市场经济中的主导地位,强调的是一种实用主义、功利主义的价值原则。就其实质而言,符号消费是大众消费文化的一种表现形式,短暂性、流变性和无休止性是其重要特征。为了实现对文化市场的占有,商家往往通过种种机制不断制造各种虚假的欲望,炮制出令人目不暇接的时尚、品味。而这与青少年学生好奇心强、攀比心重的心理特征相契合，容易诱使他们心甘情愿地投身于大众文化消费中而乐此不疲。这实际上反映了一种及时行乐的物质主义的人生价值观，势必会削弱青少年学生对诸如勤劳节俭等传统美德的认同，动摇学校德育的价值根基。因此，学校教育应通过艺术鉴赏课、媒介素养教育等方式对学生进行符号消费方面的教育，培养学生的批判意识和能力，使学生认识到其中所包含的商业性、消费性以及意识形态特征，从而帮助他们走出对各种符号化商品的迷狂，以一种平和和理性的心态去面对。

其次，青少年在符号消费中反映出一种当下的情感宣泄，他们的各种文化需求具有快餐化、平面化的特征，这不利于其精神世界的提升与人生意义的追求。符号消费更多地体现为一种"享受的合理性"的满足。但是，"享受的合理性"并非人们生活的全部，"假如对之不加以引导、提高，相反却放任自流，甚至听任它肆意越过自己的边界，去侵吞文化、审美的领域，把文化、审美赶入枯鱼之肆，却又难免不会成为一种伪快乐、一种伪幸福、一种伪文化、一种伪审美"（潘知常，林玮，2002）[200]。符号消费的这种特性决定了它不可能承担起塑造人类精神家园的价值重任。人们在各种符号性商品消费上的一次性特征，也决定了它难以给人们的生活以终极价值的关怀。青少年在符号消费中可以不着重关注终极价值，但却不能背离终极价值，更不能转而诋毁终极价值。我们在通过青少年文化实现学校教育与生活的对接时，不能因为对生活原始状态的肯定而放弃学校教育，特别是德育对人生的超越性品质的追求。学校教育的根本目的在于促进人的全面发展，提升人的生存质量，造就能够担当自我责任和社会责任的现代公民。我们应怀抱这样一种认识：肯定符号消费以及与之相关的大众文化在学校教育中的意义，并不意味着停留在这一文化所塑造的生活状态中，而是立足于这一状态并在其基础上进行精神内涵的超越和提升。

在面对青少年文化时，我们应该对其进行全面的审视和评判。简单地用青少年文化所指方面的不足去全盘否定其能指方面的价值和意义，是一种精英主义的文化价值取向。这不利于我们对青少年文化实际价值和功能的理解，更不利于代际之间、学校与学生之间的理解和沟通。同样，对青少年文化能指层面所蕴涵的价值的肯定，并不是提倡用能指消解、取代所指的深度。实际上，文化的能指与所指之间不是一种谁决定谁的关系，而应该是一种一体两面的统一关系，两者共同构成一个文化符号的基本要素，缺一不可。问题的关键在于，如何确保两者在发挥各自作用的同时，不僭越到对方的边界。真正的狂欢应该是"既欢乐兴奋，同时也是冷嘲热讽，既否定又肯定，既埋葬又重生"（巴赫金，1988）[14]。具备一种关于文化的能指和所指作用的边界意识，将有利于我们正确认识和评价当代青少年文化，有利于我们准确理解当前青少年的思想特征和价值观特点，有利于我们以一种更加合理，更加容易被青少年接受和认可的教育方式去提升学校教育的实效。

结 语

　　消费社会作为当代西方发达国家典型的生活图景，其所传递出来的生活气息对于落后国家的人民而言常常是难以理解和接受的。但是，随着第三世界国家经济的崛起以及西方文化在世界各个角落的渗透，这种消费文化正在落后国家一些先富起来的人群中日益流行起来。这一现象在我国大陆沿海开放城市和部分发达地区也有明显体现，它改变着国人特别是年轻一代的消费观念、消费行为以及更深层次的人生观和价值观等。面对这一消费主义思潮的冲击，学校教育特别是德育需要做的事情很多。其中一个基础性的工作，就是要对消费社会中当代青少年的思想观念、价值取向、审美原则、生活趣味等有较为准确的了解和把握。在此基础上，我们才可以谈如何应对的问题。正是基于这样的问题意识，本书从青少年符号消费的意义出发，对消费社会时代青少年的身份认同进行了文化研究视角的分析，从一个侧面揭示了当代青少年的思想面貌和文化生活特征。但是，本书的主要目的并不仅仅局限于对青少年符号消费与身份认同的关系的揭示，对于本书而言，一个更为根本的价值诉求是希望通过对文化研究方法论的借鉴，能够对教育研究在方法论方面带来启示，进而以期能够对教育研究视阈的拓展和方法论的丰富有所裨益。

　　应该说，青少年符号消费并非传统教育学研究的主题。长期以来，教育学研究基本上是在教育这个封闭的场域中，对传统的教育命题和关系进行一种所谓的"内部研究"。也就是说，教育学研究的主流是阐述具体教育环境或教育事件中的教师与学生、课程与教学等教育基本要素的特点及关系。这种"内部研究"带有很强的封闭性，其研究目的是要揭示教育本身所具有的"教育性"，以及在此基础上如何把对这种"教育性"的理解应用于具体的教育教学实践，以促进学生的健康发展。

不可否认，这种研究路径对于教育形态及其结构中各要素的内容和关系的揭示，具有十分重要的意义。但是，这种研究却在一定程度上忽视了教育事件本身的社会文化特征，从而在某种意义上变成了一种封闭式的研究。关于教育基本理论两大核心问题之一的教育与社会的关系（另一问题是教育与人的关系）的已有研究，虽然考虑了社会的因素与教育发展之间的关系，但是，这种关于教育与社会的关系的"外部研究"，带有较为明显的机械影响论的特征（不是机械决定论），隐含在其中的仍然是一种经济基础与上层建筑之间二元对立的分析范式。在这种分析框架中，经济基础与上层建筑、物质与精神、存在与意识等一系列二元对立关系，从深层次制约着人们对教育与社会的关系的认识。在这种分析语境中，一方面，教育往往被列入上层建筑的范畴，因此，教育作为一种基本的人类实践活动，并未获得其独立的物质性存在的地位。另一方面，教育往往被看作社会发展的一个工具而失去其应有的本体论价值，从而有可能对教育与社会的关系进行经济还原论的解释，以及将教育仅仅构想为对阶级和经济因素的简单"反映"的危险。此外，这种分析范式也使教育与社会的关系陷入一种非此即彼的对立状态，忽视了两者之间存在的多种可能关系。

当前，在教育研究领域中颇为流行的"批判研究"——批判教育学，在一定程度上超越了教育研究中的"内部研究"与"外部研究"的局限，开创了一种新的教育研究范式。从知识谱系上看，当代批判教育学的思想资源除了马克思主义外，还包括20世纪各种人文社会科学的成果，如现代语言学、符号学、结构主义、后结构主义、叙事学、精神分析、文化人类学、后现代主义、后殖民主义以及女性主义等。在内容上，批判教育学交织着课程、教学、教师、学生、社会结构、多元文化、民主、正义等议题。对于批判教育学来说至关重要的是对简单经济决定论的扬弃，它认识到政治、经济、文化与教育之间存在着复杂的相互关系，强调学校教育是一种文化政治（cultural politics）的形式或场域。（Giroux, 1989）[125-151] 因而，学校不仅仅是一个教育的场所，更是一个文化斗争的空间。

批判教育学对教育研究内部问题的深度挖掘，超越了教育学"内部研究"范式就教育而论教育的表面性，使人们对教育问题的洞见更为深刻。同时，这种研究范式也超越了传统教育学"外部研究"的机械影响论，特别是在文化政治层面超越了经济还原论的单向解释的片面性和简单性。应该说，批判教育学在两个方面发展了教育学的研究：一是在深度方面，对教育领域中各要素的本质及其关系进行了更为细致、深刻的揭示；二是在广度方面，将教育与更为广泛的社会权力、利益斗争结合在一起，在很大程度上拓宽了教育研究的视阈。

虽然批判教育学在教育研究的内部挖掘和外部拓展方面作了大量富有成效的工作，但是，就其研究的基本立足点而言，批判教育学仍然主要是一种立足于教育自身的基本结构和功能的研究范式，强调的是教育这一场域内部所隐含的复杂的社会意识形态和权力斗争。因而，批判教育学在很大程度上仍然是对教育问题的一种"内部研究"。也就是说，社会上广泛存在的诸多文化现象仍未被有效地纳入教育研究与实践的领域。当前日益蓬勃发展的大众文化、媒介文化、消费文化等，对人们特别是广大青少年的生活方式、思维习惯、审美原则有着重大影响。而包括批判教育学在内的已有的教育研究范式，并没有对此进行一种主动和自觉的关照以及平等、细致且具有说服力的分析与研究。这一方面局限了教育研究的视阈，另一方面也减弱了教育研究对现实问题的解释力。这两方面的不足在很大程度上制约了教育研究的创新性，也使教育研究失去了可能具有无限发展前景的理论生长点。因此，教育研究必须具备一种更为开阔的研究视阈，实现"内部研究"与"外部研究"的有机整合，在"批判研究"的基础上，向一种更为开阔的"文化研究"范式迈进。文化研究的内涵和基本特征已经在本书开篇的"导论"部分作了较为详细的探讨，在此不再赘述。这里需要强调的是，文化研究的主要特点是具有突出的政治学旨趣、跨学科方法、实践性品格、边缘化立场以及批判性精神。教育学的批判研究范式与文化研究有着大致相同的研究旨趣、研究方法与价值立场，因此，在很大程度上，批判教育学可以看作教育学的文化研究在学校教育这一系统内部的应用。

总体而言，文化研究取向的教育研究所具有的功能和意义，主要体现在以下几个方面。

首先，文化研究有利于扩展教育研究的视阈，从而将具有教育特征的社会文化现象纳入教育研究的视野，实现教育研究的"扩容"。青少年的日常生活及其所置身于的大众文化对于教育而言具有十分重要的意义。一方面,青少年接受教育的场域并不局限在制度化的学校场景之中;另一方面,青少年的日常生活以及大众文化本身也蕴涵着重要的教育资源,这些资源对于学校教育的内容选择、形式安排和呈现方式等颇具参考价值。如通俗文学中格调清新、语言优美、歌颂美好人性的作品,流行音乐中旋律优美、内容健康、节奏明快的歌曲等,都可以对学生进行美的熏陶。同时,文化的经典性不是在其诞生之初就自动获得的,而是通过在社会历史文化的发展中经由不同文化的相互激荡而积淀下来,逐渐被世人所认可与接纳的。回溯几千年前,曾经作为民间小范围的"流行歌曲"而存在的《诗经》,在后世却获得了经典的地位;倒回几百年,现在看来高雅的小说艺术,在当时只是被视为不入流的市井流俗;再倒回几十年,现在人们眼中高雅的新体诗,却是当时正统文人眼里的异端怪物。"文化"还是那个"文化",仅仅因为欣赏眼光的不同,就能使它从"异端"走到"主流",从"流俗"走向"经典"。(舒圣祥,2005)因而我们很难说大众文化的某些东西不会成为日后的经典而受到学校教育的青睐。另外,大众文化在叙述安排、呈现方式等方面具有很强的感染力,容易唤起人们的热情与参与性。因此,我们需要将教育研究分析的立足点从学校扩展到更为广泛的社会文化生活中,从各种日常的、普通的文化事件中缕析出其中的价值内涵和教育意味以及对教育发展与研究的意义。

  当前,日渐兴盛的大众文化,正在逐渐打破高雅与通俗、精英与大众、阳春白雪与下里巴人之间曾经严格的文化边界,并渗透于社会各个层面,俨然成为了社会文化生活的新的主宰者。在这一社会现实面前,一向标榜以传承人类文明的精华为主要价值诉求的学校教育,也再难对种种社会文化现象视若无睹,开始小心翼翼地认可并吸纳大众文化的某些内容和形式。从金庸小说入选高中语文读本,到周杰伦的《蜗牛》入选上海中学生百首爱国主义歌曲,再到罗大佑的《现象七十二变》入选《大学语文》,作为娱乐消遣产物的大众文化与作为精英文化阵地的正统教育,它们之间的亲密接触似乎已经成为当下一种引人注目的教育与文化现象。对此,当前学界众说纷纭。这种论争以文学领域的学者为主要旗手,而教育领域的专家学者却鲜有声音。在文学领域中,论争的焦点主要围绕具体的语文学科而展开,缺乏对教育领域的全面观照。同时,这种论争多以随笔、杂谈等文学形式呈现，缺乏系统性和理论性，难以透析大众文化与学校教育的复杂关联。这不能不说是一种遗憾。

在这方面，美国批判教育学家亨利·吉鲁（Henry Grioux）已经为我们作出了有益的尝试。吉鲁认为，在世界各地备受欢迎的迪斯尼乐园并不纯粹是一种大众游玩和放松心情的场所，在很大程度上，迪斯尼本身扮演着十分重要的教育者的角色。迪斯尼不仅把儿童和青少年作为可资获取利润的消费者，而且从深层次上影响着年轻一代的民主观念，使人沉浸在怀旧的情绪之中，影响着他们对民主的向往、对国家的记忆以及对性别和种族的态度。与此同时，吉鲁也批判性地看待风靡美国的儿童选美。传统教育学者甚至不会把这些"生活小事"作为严肃的学术研究对象，而吉鲁却在这些看似简单的文化生活事件中窥见了其所包含的意识形态特征及教育意蕴。他还提出在各种音频和视频大众文化作品中隐含着一种"表征教育学"，它影响着青少年的成长机制，塑造着他们的身份观念。因而，所谓教育并不仅仅存在于课本、教室以及学校这一狭窄的空间之中。（傅书红，2007）由此可见，在广泛的社会文化生活中，存在着诸多隐蔽却影响深刻的教育现象。已有的教育学对这些现象的解释和重视力度显然是不够的。因此，文化研究视角的引入，可以使教育或教育研究重视那些看起来细微、日常的青少年文化生活事件，拓展其研究范围。

其次，文化研究可以为"经典"教育问题的研究提供新的动力和灵感，实现教育研究的"越界"与"转喻"式转变。① 已有教育理论对教育问题的研究，大多采取一种普遍主义、本质主义的研究思路，重点在于通过对教育现象的描述，揭示其背后所隐藏的各种规律。这种教育研究可以称为一种"隐喻"式的研究。虽然近年来反本质主义思潮的兴起，在一定程度上冲击了这种以获取规律为鹄的的教育研究，但是，从目前的实际情况看，"隐喻"式的教育研究依然是当前教育理论发展的重要范式和动力。然而，教育理论的建构除了这种"隐喻"式的研究之外，还有其他的存在形态。美国文学理论家乔纳森·卡勒（Jonathan Culler）对理论的解释，为我们更好地认识理论存在形态的多样性提供了很好的分

---

① 这一观点得益于李勇教授关于文学理论研究范式转换的论述。参见：李勇. 大众文化研究对文学理论的挑战 [J]. 文艺争鸣，2004（6）.

析依据。在他看来，理论应该具有四个特点："①理论是跨学科的——是一种具有超出某一原始学科的作用的话语。②理论是分析和话语——它试图找出我们称之为性，或语言，或文字，或主体中包含了些什么。③理论是对常识的批评，是对被认定为自然的观念的批评。④理论有反射性，是关于思维的思维，我们用它向文学和其他话语实践中创造意义的范畴提出质疑。"（卡勒，1998）[16]如果教育理论也具有以上四个特点，那么它的对象也许不应该再是教育中的普遍规律，它也没有必要去建立有关学科概念、原理的体系，而是应该不断向各领域中的教育常识提出挑战，解释各种与教育现象相关涉的事件、文本的教育意义。与此同时，由于教育活动在日常生活中的弥散性，并始终处于动态的变化过程中，因此，教育研究需要不断突破各种原有界限的束缚，从其他学科以及各种文化事件中汲取理论资源，实现教育研究的"转喻"式转变。这种"转喻"式教育研究所收获的理论，"已经成为专指那些对表面看来属于其他领域的思考提出挑战，并为其重新定向的作品的词"（卡勒，1998）[3]。文化研究中的"转喻"式的研究，将会赋予教育理论新的品质和内涵。这将构成教育研究中新的理论生长点。

为此，教育研究需要转变研究的立场，打破教育研究中的精英主义情结，给予青少年日常生活以及各种大众文化必要的尊重。诚如前文所述，青少年的日常生活对于其健全人格的养成具有重要作用，不理解青少年在日常生活中的所思、所想，我们很难了解其真实的人生价值观和审美原则。另外，大众文化也并非是低俗、低等文化的代名词，其中也蕴涵着丰富的教育资源。因此，对青少年的日常生活和各种大众文化，我们应以一种平常的心态去看待，既不能抱着一种"狼来了"的文化守成主义对之大加鞭挞，也不能以一种文化激进主义对之过分渲染。"一种更为妥帖的文化研究概念不应让人觉得要在'雅'和'俗'之间作非此即彼的选择，比如，研究经典作品了，就不能碰电视、流行音乐之类。在我看来，两者是一个整体领域中的辨证的组成部分。而最精彩的议论，往往是那些不固守'精英'与'大众'，'德国'和'法国'之类的人为框框的人做出的。我可以理解为什么人们总是这样画地为牢，有时我也有类似的感觉，但这毕竟不是最富于创造性的态度。"（杰姆逊，1997b）[14]在教育研究上也应如此。简单肯定一方或简单否定一方的做法，不会对学校教育的发展带来多大的裨益。

再次,文化研究有利于打通教育研究固有的二元对立的分析范式,实现教育的文化化和文化的教育化①。从发生学的角度看,教育最初是与日常生活和生产实践紧密联系在一起的。随着生产力的发展以及知识生产的日益专门化和系统化,教育逐渐从生活与生产实践中脱离出来,成为一种独立的人类社会实践方式。教育独立性的获得,一方面促进了教育自身的蓬勃发展,使其专业化水平不断提高。另一方面,这也在某种程度上割裂了教育与日常生活的丰富联系,使教育研究囿于对其自身系统内部各要素的本质及关系的探索。教育以及教育研究与现实生活相脱离,在当代社会已经深受人们所诟病,其弊端也日益突出。在文化研究的视野中,教育和社会将统一于文化的范畴之中,连接教育与社会关系的基础就在于对文化的深层融合。具体而言,学校教育应该被看作一个文化的场域而不仅仅是一个教育的场所。"文化研究为教育学提供了一种开放性的政治概念,在这个概念中,教育学是一种文本的、听觉的和视觉的实践的表现,通过这些人们理解自身,理解与他人、周围环境接触的方式。"(Giroux,1996)[52]这实际上表明了个体成长的文化习性对于教育和人的发展的深远影响。因此,我们对教育的认识不应该单纯地从一种教育内部的视角,去对学校这一教育场域中的人或事进行一种角色化的预先规定。而传统教育关于教师、学生以及学校等要素的诸多规定,更多的只是依据一种教育内部的所谓规律去加以裁量。

以未成年人为例。在教育的语境中,未成年人往往被称为学生,而在社会上,未成年人大多被称为青少年。实际上,学生与青少年之间不仅仅是一种称谓的简单改变,它还包含着诸多的社会、教育、文化等问题。学生主要是一种教育用语,其基本的角色要求是对已有文化或者知识的学习,其深层含义在于把学生定位为一种不成熟的社会存在,需要成人文化的牵引和指导。而青少年作为一种社会称谓,更多地包含着一种责任期待。也就是说,作为青少年的未成年人,应该承担起社会所期待的种种责任和义务。因此,青少年的社会功能就是要投身于社会的各项建设,积极履行其历史使命。这种期待实际上把青少年当成了一种具

---

① 这里的文化概念主要是一种人类学的定义,强调的是作为一种生活方式的文化形态。

有独立工作与奉献能力的建设者。由此可见,学生与青少年之间的区别,主要建立在一种二元对立的价值基础之上。如果不能够清醒地意识到这一点,并自觉地将两者统一起来,将会影响到我们具体教育实践的展开。因此,在教育这个文化场域中,应该借助各种文化事件,打通传统教育关于教师与成人、学生与青少年、学校与社会等二元对立的文化基础。这样,可以较为有效地避免孤立地,或在教育系统内部看待教育的所谓内部研究方法的封闭性,也可以避免只关注教育形式与社会条件的外在分析方法的片面性。同时,这也可以在很大程度上避免教育研究者把教育研究看作一种纯粹的、自说自话的超功利活动,避免把教育简单地等同于阶级或社会权力、意识形态代言人的庸俗社会学。

实际上,当代青少年生活的社会文化环境已经发生了巨大的变化,文化不只是各种精英文化和主导文化,而应包括各种大众文化。现在的年轻人并不单纯依靠书本知识或父辈文化来构建和确认自己的身份。在很大程度上,正是当前各种眼花缭乱、看似庸俗的大众文化,构成了他们建构、确认以及展示自我的重要素材和舞台。而青少年的符号消费也仅仅是这一文化事件的一个表征。通过对青少年日常生活中的符号消费这一文化事件的分析,我们可以从一个侧面更为深入地了解当代青少年的价值取向、审美原则、思想面貌等深层次的精神状况。同时,这也使我们对当代各种大众文化,特别是以媒体为载体的媒介文化影响青少年的主要策略和手段,有了更为清晰的认识。对青少年思想精神面貌的了解以及对大众文化作用机制的认识,对于我们如何看待当代青少年,看待教育以及教育研究具有十分重要的意义。

文化研究关注人文社会科学领域最热门的事情,当前,学者们的研究主要集中在文学、电影、电视、大众传媒、哲学等领域。较少有学者在方法论上把文化研究与教育研究联结起来。本书对于文化研究的方法论借鉴只是一种初步的、探索性的尝试,其主要目的除了试图有效地揭示青少年通过符号消费谋求身份认同这一现象本身的特点及其所包含的教育意义外,一个潜在的目的就是试图引起教育学界对文化研究作为一种方法论之于教育研究的重要意义的重视,并使之有可能成为教育研究一个新的理论和实践的生长点,进而更好地提升教育研究对各种教育问题的解释力,促进教育实践的发展。

附录　访谈提纲

基本信息：性别、年龄、家庭居住地、父母职业、经济状况等

1. 你觉得一个商品哪方面的特征会吸引你去购买，这些因素在你看来如何排序。（外形、口碑、宣传）

2. 你喜欢什么类型的商品广告？为什么喜欢？你印象最深的一个商品广告是什么？为什么对这个广告印象最深？你怎么看待媒体，如电视广告对某种商品的宣传？对于明星所代言的商品你怎么看？你会购买自己偶像代言的东西吗？

3. 你会不会受媒体（比如广告、偶像剧、体育比赛直播，可以着重强调偶像崇拜的方面，比如说自己偶像代言的商品）的影响而去购买某种商品？有的话举例。

4. 你会不会因为同学或者好朋友的影响去购买某种商品，有的话举例。消费这些商品（在问题2和问题3中被访谈者提到的商品）对你而言有什么意义？或是有什么象征（比如表现个性，成为理想中的人，考虑别人的眼光，受人尊敬或者羡慕，流行，表现经济状况或者身份地位，骄傲，酷，实用）。

5. 这些意义和象征是否与你所在的群体或者同伴有关？如果有的话表现在哪些方面？如果没有的话你如何看待你所处的同伴群体中所形成的一种氛围或生活方式（同伴文化）。

6. 谈谈你对校服的看法。在学校中一般穿什么？在校外一般又穿什么？在学校日常生活中，对服装等要求比较统一的情况下，你们通过哪些方式表达自己的风格和个性？（比如在校服上缝标志，在书包上用钉子

钉出各种各样的图案)。这些对你们来讲有什么意义?

7. 相比于消费前你对于某种商品各种各样的想象,在拥有这个商品之后,你对这件商品的感觉是什么?是否与消费前的想象一致?

8. 你们班有攀比消费的现象吗?如果有,请举例说明。班上是否有因为消费的兴趣、特征相似(如喜欢同一个品牌的东西,喜欢同一个偶像等)而派生的小团体,这种小团体活动的表现是什么?

9. 就你自身而言,在消费风格(涵盖了消费的各个层面)方面,从小到大经历了哪些变化?你觉得变化的原因是什么?

10. 你认为名牌代表什么?谈谈你对假冒名牌的态度。

11. 你一般会去什么地方买东西?购物环境会影响你的消费行为吗?如果有的话表现在哪些方面?

12. 你如何看待"韩流",或者你如何看待一些青少年中的"哈韩"、"哈日"现象?

13. 描述一下影视明星的消费方式与一般人相比有什么不同。有钱人的消费与一般人的消费有什么不同。自己的消费方式与父母相比有什么不同。

14. 你觉得你是一个怎样的人?请用几句话描述一下。

参考文献

艾柯. 1990. 符号学理论 [M]. 北京：中国人民大学出版社.
埃里克森. 1998. 同一性：青少年与危机 [M]. 杭州：浙江教育出版社.
鲍曼. 2002a. 流动的现代性 [M]. 上海：上海三联书店.
鲍曼. 2002b. 生活在碎片之中：论后现代道德 [M]. 上海：学林出版社.
鲍尔德温，等. 2004. 大众文化导论 [M]. 北京：高等教育出版社.
鲍尔德温，等. 2005. 文化研究导论 [M]. 修订版. 北京：高等教育出版社.
巴尔特. 1999a. 符号学原理 [M]. 北京：生活·读书·新知三联书店.
巴尔特. 1999b. 神话：大众文化诠释 [M]. 上海：上海人民出版社.
巴赫金. 1988. 拉伯雷研究 [M]. 石家庄：河北教育出版社.
贝尔. 1989. 资本主义文化矛盾 [M]. 台北：桂冠图书公司.
波德里亚. 2000. 消费社会 [M]. 南京：南京大学出版社.
波斯特. 2000. 信息方式 [M]. 北京：商务印书馆.
波斯特. 2001. 第二媒介时代 [M]. 南京：南京大学出版社.
布迪厄. 2005. 资本的形式 [M] //薛晓源，曹荣湘. 全球化与文化资本. 北京：社会科学文献出版社.
布卢姆，塞尔茨内克，等. 1991. 社会学 [M]. 成都：四川人民出版社.
布莱思. 1999. 消费者行为学 [M]. 北京：中信出版社.
布西亚. 2001. 物体系 [M]. 上海：上海人民出版社.
布雷克. 1990. 亚文化与青少年犯罪 [M]. 太原：山西人民出版社.
车海刚. 2000. 青少年：21 世纪的消费主体 [N/OL]. (05-04). http://www.people.com.cn/GB/channel3/21/20000504/55962.html.
陈薇. 2003. 青年时尚的足迹：1990—2003 [J]. 中国青年研究 (7).
陈昕. 2003. 救赎与消费：当代中国日常生活中的消费主义 [M]. 南京：江苏人民出版社.
陈映芳. 2002. 在角色与非角色之间：中国的青年文化 [M]. 南京：江苏人民出

版社.

程士安,等. 2004. 未成年消费群:解读当代中学生[M]. 北京:中国轻工业出版社.

代祺,方奕. 2007. 1990—2007年中国青少年消费研究发展述评[J]. 当代青年研究(11).

戴慧思,卢汉龙. 2003. 中国城市的消费革命[M]. 上海:上海社会科学院出版社.

丁峰,陈刚. 2006. 青少年的名牌和攀比意识普遍[EB/OL]. (07-16). http://www.xhby.net/xhby/content/-07/16/content_1333154.htm.

杜书瀛. 2003. 审美价值论纲[M]//张晶. 美学前沿:第2卷. 北京:北京广播学院出版社.

凡勃伦. 1964. 有闲阶级论[M]. 北京:商务印书馆.

费瑟斯通. 2000. 消费主义与后现代文化[M]. 南京:译林出版社.

费斯克. 2001. 解读大众文化[M]. 南京:南京大学出版社.

费斯克,等. 2004. 关键概念. 传播与文化研究辞典[M]. 第2版. 北京:新华出版社.

费兹. 2005. 青少年[M]. 成都:四川文艺出版社.

弗洛姆. 1988. 健全的社会[M]. 北京:中国文联出版社.

傅书红. 2007. 文化研究在教育领域中的价值:亨利·吉鲁的文化研究教育思想[J]. 比较教育研究(4).

高丙中,等. 1997. 现代化与民族生活方式的变迁[M]. 天津:天津人民出版社.

高宣扬. 2006. 流行文化社会学[M]. 北京:中国人民大学出版社.

戈夫曼. 1988. 日常生活中的自我表演[M]. 昆明:云南人民出版社.

格里芬. 1998. 后现代精神[M]. 北京:中央编译出版社.

格里芬. 2002. 超越解构[M]. 北京:中央编译出版社.

格罗瑙. 2002. 趣味社会学[M]. 南京:南京大学出版社.

哈维. 2003. 时空之间:关于地理学想象的反思[M]//包亚明. 现代性与空间的生产. 上海:上海教育出版社.

韩明谟. 1999. 社会学概论[M]. 北京:中央广播电视大学出版社.

黄晓武. 2003. 文化与抵抗:伯明翰学派的青年亚文化研究[J]. 外国文学(2).

黄志坚. 1999. 青年学[M]. 北京:中国青年出版社.

霍尔. 2000. 编码/解码[M]//罗钢,刘向愚. 文化研究读本. 北京:中国社会科学出版社.

霍妮. 1996. 神经症与人的成长[M]. 上海:上海文艺出版社.

吉登斯. 1998. 现代性与自我认同［M］. 北京：生活·读书·新知三联书店.

吉登斯. 2000. 现代性的后果［M］. 南京：译林出版社.

江宁康. 2004. 当代消费文化与民族形象的重塑［J］. 郑州大学学报：哲学社会科学版（5）.

姜丽萍，等. 1990. 青年文化人类学［M］. 长春：吉林人民出版社.

杰姆逊. 1997a. 后现代主义与文化理论［M］. 北京：北京大学出版社.

杰姆逊. 1997b. 晚期资本主义的文化逻辑［M］. 北京：生活·读书·新知三联书店.

德波. 2000. 景象的社会［M］//陶东风. 文化研究：第三辑. 天津：天津社会科学院出版社.

卡勒. 1998. 文学理论［M］. 沈阳：辽宁教育出版社.

凯尔纳. 1999. 后现代理论［M］. 北京：中央编译出版社.

坎贝尔. 2003. 求新的渴望［M］//罗钢，王中忱. 消费文化读本. 北京：中国社会科学出版社.

李彬. 2003. 符号透视：传播内容的本体诠释［M］. 上海：复旦大学出版社.

李春玲. 2005. 当代中国社会的消费分层［J］. 湖南社会科学（2）.

李东晔. 2008. 汽车模型收藏：一种都市休闲消费体验［J］. 文化研究（2）.

李晓娟，董娅. 2005. 转型期青少年对西方文化制品品种的消费倾向调查［J］. 青年探索（4）.

李勇. 2004. 大众文化研究对文学理论的挑战［J］. 文艺争鸣（6）.

李正欢，曾路. 2004. 符号消费的意义解读［J］. 重庆邮电学院学报：社会科学版（6）.

里斯曼. 2002. 孤独的人群［M］. 南京：南京大学出版社.

廖立新. 2002. 感悟品牌［J］. 奥园（5）.

林嘉威. 2000. 品牌忠诚者之"品牌认同"研究：以运动鞋品牌 NIKE 为例［D］. 台北：（台湾）政治大学.

刘钧演，等. 2002. 对广州市中学生消费的调查［J］. 青年研究（4）.

卢德平. 2007. 青年文化的符号学阐释［M］. 北京：社会科学文献出版社.

卢瑞. 2003. 消费文化［M］. 南京：南京大学出版社.

陆士桢. 1995. 从青少年亚文化看当代中国青少年社会适应问题［J］. 青年研究（6）.

陆扬，王毅. 2006. 文化研究导论［M］. 上海：复旦大学出版社.

陆玉林. 2002. 当代中国青年文化的回顾与反思［J］. 中国青年政治学院学报（4）.

罗钢，刘向愚. 2000. 文化研究读本［M］. 北京：中国社会科学出版社.

罗吉斯. 1988. 当代青年心理学［M］. 长沙：湖南人民出版社.

马丁. 2000. 当代文化流变的社会学［M］. 成都：四川人民出版社.

马尔库塞. 1988. 单向度的人：发达工业社会意识形态研究［M］. 重庆：重庆出版社.

马吉星. 2007. 浅谈边境地区农村青少年违法犯罪成因及对策［EB/OL］. (09-02). http://www.xj.xinhuanet.com/pingan/2007-09/02/content_11027296.htm.

麦克卢汉. 2005. 理解媒介［M］. 北京：商务印书馆.

孟鸣歧. 2005. 大众文化与自我认同［M］. 南京：江苏教育出版社.

米德. 1992. 心灵、自我与社会［M］. 上海：上海译文出版社.

米切尔. 1999. 比特之城［M］. 北京：生活·读书·新知三联书店.

米歇尔. 2002. 图像的转向［M］//金元浦. 文化研究：第三辑. 天津：天津社会科学出版社.

默顿. 1990. 论理论社会学［M］. 北京：华夏出版社.

默克罗比. 2001. 后现代主义与大众文化［M］. 北京：中央编译出版社.

尼尔史美舍. 1996. 社会学［M］. 台北：(台湾)桂冠图书股份有限公司.

潘知常，林玮. 2002. 大众传媒与大众文化［M］. 上海：上海人民出版社.

邱冬梅. 2006. 也谈"戏仿"与"恶搞"［J］. 社会观察(8).

瑞泽尔. 2003. 后现代社会理论［M］. 北京：华夏出版社.

沙莲香. 2002. 社会心理学［M］. 北京：中国人民大学出版社.

沈杰. 2003. 青少年"时尚消费"现象调查报告［R/OL］. (12-30). http://www.cycs.org/Article.asp?Category=1&Column=107&ID=57.

舒圣祥. 2005. 《大学语文》对新诗和歌词的双重救赎［N/OL］. (06-23). http://www.csonline.com.cn/newspaper/cswb/b7/t20050623_345092.htm.

宋林飞. 2001. 西方社会学理论［M］. 南京：南京大学出版社.

索绪尔. 1996. 普通语言学教程［M］. 北京：商务印书馆.

陶东风. 2005. 大话文学与消费文化语境中经典的命运［J］. 天津社会科学(3).

涂尔干. 2000. 社会分工论［M］. 北京：生活·读书·新知三联书店.

王成兵. 2004. 当代认同危机的人学解读［M］. 北京：中国社会科学出版社.

王宁. 2001. 消费社会学［M］. 北京：社会科学文献出版社.

王一川. 2007. 新编美学教程［M］. 上海：复旦大学出版社.

王岳川. 2005. 当代文化研究的语境和症候［J］. 解放军艺术学院学报(4).

王治河. 2004. 后现代主义辞典［M］. 北京：中央编译局出版社.

西美尔. 2001. 时尚的哲学［M］. 北京：文化艺术出版社.

肖存. 2001. 青少年人格发展与人格特点探析［J］. 青少年导刊 (6).

肖鹰. 2004. 青春亚文化［M］//王一川. 大众文化导论. 北京：高等教育出版社.

肖鹰. 2006. 青春审美文化论：电子时代的"青春"消费［J］. 中国人民大学学报 (4).

新生代市场监测机构. 2000. 2000 中国城市青少年消费形态报告［J］. 团情快报 (9).

杨击. 2006. 传播·文化·社会：英国大众传播理论透视［M］. 上海：复旦大学出版社.

杨雄. 1992. 当代青年文化回溯与思考［M］. 郑州：河南人民出版社.

姚爱斌. 2005. "大话"文化与青年亚文化资本［J］. 文艺理论与批评 (3).

姚建平. 2006. 消费认同［M］. 北京：社会科学文献出版社.

伊瑟尔. 1988. 本文与读者的相互作用［M］// 蒋孔阳. 二十世纪西方美学名著选：下卷. 上海：复旦大学出版社.

于德山. 2005. 当代媒介文化［M］. 北京：新华出版社.

岳晓东. 2007. 我是你的粉丝：透视青少年偶像崇拜［M］. 上海：上海人民出版社.

威尔逊. 2003. 时尚和后现代身体［M］//罗钢, 王中忱. 消费文化读本. 北京：中国社会科学出版社.

魏颂. 2004. 中小学生消费状况调查［R/OL］. (12-30). http：//www.china.com.cn/chinese/diaocha/743251.htm.

威廉斯. 2000. 文化分析［M］//罗钢, 刘向愚. 文化研究读本. 北京：中国社会科学出版社.

詹姆逊. 1986. 后现代主义与文化理论［M］. 西安：陕西师范大学出版社.

张晶. 2003. 论审美文化［M］. 北京：北京广播学院出版社.

张云鹏. 2007. 文化权：自我认同与他者认同的向度［M］. 北京：社会科学文献出版社.

章洁, 詹小路. 2006. 媒介人物与青少年偶像崇拜：兼谈偶像崇拜与榜样学习的区别［J］. 现代传播 (6).

郑红娥. 2006. 社会转型与消费革命：中国城市消费观念的变迁［M］. 北京：北京大学出版社.

郑学文. 2005. 中小学消费教育滞后 学生不良消费令人忧［EB/OL］. (02-25). http：//edu.beelink.com.cn/20050225/1791920.shtml.

周宪. 2005. 从视觉文化观点看时尚［J］. 学术研究 (4).

Alvermann D. 1999. Popular culture in the classroom [M]. New Jersey: Lawrence Erlbaum.

Brake M. 1985. Comparative youth culture [M]. London: Routledge.

Giroux H. 1989. Schooling as a form of cultural politics: toward a pedagogy of and for difference [G] //Giroux H, Mclaren P. Critical pedagogy, the state, and cultural struggle. New York: SUNY Press.

Giroux H. 1996. Counternarratives: culture studies and critical pedagogies in postmordern space [M]. London: Routledge.

Hall S, Jefferson T. 1976. Resistance through rituals: youth subcultures in post-war Britain [M]. London: Hutchinson.

Hebdige D. 1979. Subculture: the meaning of style [M]. London: Methuen.

Hebdige D. 1988. Hiding in the light: on images and things [M]. London: Routledge.

Richard J. 1996. Social identity [M]. London: Routledge.

致　谢

本书是在我的博士论文基础上修改而成。这本书的顺利出版,得益于诸多良师益友的大力提携和真诚帮助。没有他们,我很难想象自己能有今天的进步。

感谢我的博士生导师檀传宝教授,他对我的精心栽培,使我在各方面都获得了全面的进步与提升。对于檀老师的知遇之恩和关爱之情,不善言辞的我从不知道如何去表达自己内心的感动与感激。对此我除了铭记于心,努力前进外,似乎没有更好的回报方式了。遇到檀老师,是我一生的幸运。感谢我的硕士导师魏曼华老师,在她的精心调教下,我的科研能力和学术素养得到了规范化的训练,她对于我日常生活慈母般的关照和呵护令我永生难忘。感谢我的学术启蒙恩师,中国青年政治学院的陈立思教授,是她手把手地将我引入了学术的殿堂。没有她的谆谆教诲和殷切希望,或许在学术之路上我不会走到今天。一路走来,需要感谢的人很多。衷心感谢劳凯声老师、郑新蓉老师、石中英老师、康永久老师在开题报告中所给予的中肯建议,他们鞭辟入里的分析为我的论文写作提供了更为宽广的思路和思想制高点。衷心感谢朱小蔓教授、劳凯声教授、陈立思教授、郑新蓉教授和易连云教授在论文答辩中所提出的真知灼见,这为我后期的论文修改提供了方向。

非常庆幸自己能在北京师范大学公民与道德教育研究中心这个团结、向上的学术团队中学习和生活。中心规模虽小,但每个人都充满了工作和学习的热情,踏踏实实、真心实意地为我国德育事业的发展努力贡献着自己的最大力量。研究中心这种"以天下为己任"的博大情怀成了我不断前进的动力。在与王啸老师、赵振洲博士、王小飞博士亦师亦友的关系中,我不仅获得了学识上的长进,也收获了许多做人的道理与处世的原则。

非常庆幸自己在求学期间能拥有如此关系融洽、相互提携的知己和朋友。在与同门李敏、蔡辰梅三年的共同学习和生活中,我们不仅收获了各自学业上的进步,也收获了彼此真挚的情谊和默契。感谢李凡卓、牛国卫、叶飞、林宇、杨启华、冯婉桢、徐伟、王玉洁、代贝、何蕴、李钰洁等师弟师妹在日常学习和生活上的种种帮助。没有他们,求学的道路上将会少许多欢乐。感谢宋兵波、付涛、何继禄、刘昊、李伟、孔军、周志发、周国华等同窗好友多年来的关心和照顾。感谢家乡伙伴们的支持与鼓励,是他们让我的每个寒暑假都过得精彩。

非常庆幸自己生长在一个开明的家庭中,能够让自己"任性"地一直读书。我深知父母和弟妹为我的这份"任性"所付出的种种艰辛。所有的感动都已凝结为这十年学习的动力,但愿我的努力不至于让他们太失望。

非常庆幸自己找到了一个充满乐趣愉悦同时又对自己学识与思维能力有极大挑战的学术领域。文化研究与教育研究的结合,使我既能稍微脱离传统学术研究的枯燥,感受到日常生活的呼吸和脉动,同时又可以站在研究者的立场去审视这些五光十色的文化现象对于教育以及青少年成长的意义,洞察其中权力与意识形态的角逐博弈、刀光剑影。我该如何描述学术研究与日常生活汇流的澄明心境呢?我当如何表明通过自身智识去层层突围解码,享受思维乐趣的惊喜呢?或者这才是古希腊哲人"爱智慧"的本意吧。

我深知,本书的出版并不代表我对书中所涉及的问题已经有了深刻的把握,其中可能还存在着诸多谬误之处。在此,我真诚地希望各位前辈、同仁们的不吝赐教。

前方的路还很漫长,但有各位老师的提携、众多朋友的帮助以及家人的支持,前方的路一定会更加精彩。我期待着……

班建武
2010 年 1 月 15 日
北师大英东楼 310

责任编辑　何　艺
版式设计　沈晓萌
责任校对　曲凤玲
责任印制　曲凤玲

图书在版编目（CIP）数据

符号消费与青少年身份认同／班建武著．—北京：教育科学出版社，2010.11
（当代中国教育思想探索书系／檀传宝主编）
ISBN 978－7－5041－4935－0

Ⅰ.①符… Ⅱ.①班… Ⅲ.①青少年—消费心理学 Ⅳ.①F713.55

中国版本图书馆 CIP 数据核字（2010）第 024118 号

出版发行	教育科学出版社				
社　　址	北京·朝阳区安慧北里安园甲9号		市场部电话	010－64989009	
邮　　编	100101		编辑部电话	010－64981167	
传　　真	010－64891796		网　　址	http://www.esph.com.cn	
经　　销	各地新华书店				
制　　作	北京金奥都图文制作中心				
印　　刷	保定市中画美凯印刷有限公司		版　　次	2010年11月第1版	
开　　本	169毫米×239毫米 16开		印　　次	2010年11月第1次印刷	
印　　张	12		印　　数	1—3 000册	
字　　数	177千		定　　价	24.00元	

如有印装质量问题，请到所购图书销售部门联系调换。

本书以文化研究为方法论，通过文献研究、文本分析以及访谈和观察等方法，对青少年消费进行符号学层面的分析和解读，着力探寻构成"青少年符号消费"这一文本的所指空间、能指世界及其意指内涵，在此基础上，分析其对于青少年成长以及学校教育的意义，进而为青少年工作和学校德育提出建议。全书最后阐释了文化研究作为一种方法论对教育研究的"扩容"和"越界"所具有的意义。

本书可为青少年研究、德育研究、思想政治教育等领域，了解当前大众文化与青少年成长、大众文化与学校教育的关系以及当代青少年文化的特征提供重要的参考资料。

【作者简介】

班建武，广西平果县人。1998—2002年就读于中国青年政治学院，获法学学士学位，2002—2008年就读于北京师范大学教育学院，获教育学硕士学位和博士学位，2008年7月—2010年6月在北京师范大学心理学院博士后流动站工作，出站后留任北京师范大学教育学部。主要从事德育原理、青少年文化、学校德育诊断等方面的研究。已在《中国教育学刊》等国内核心期刊发表学术论文20余篇，其中10余篇被"中国人民大学《复印报刊资料》"和《高等学校文科学术文摘》转载。目前正主持教育部、北京市两项省部级重点课题研究。

定价：24.00元

ISBN 978-7-5041-4935-0

责任编辑：何 艺
封面设计：